EL FRUTO DEL ESPIRITU

PASTOR CAYETANO CHACH

Printed in the United States of America

Library of Congress Control Number: 2021904415
ISBN: Softcover   978-1-64908-929-8
         Hardback   978-1-64908-930-4
         eBook   978-1-64908-928-1

Republished by: PageTurner Press and Media LLC
Publication Date: 03/08/2021

To order copies of this book, contact:

PageTurner Press and Media
Phone: 1-888-447-9651
order@pageturner.us
www.pageturner.us

DEDICACIÓN

Primero que todo,quiero dedicar este libro a las 3 personas que me han inspirado,y que siempre han estado a mi lado, que son padre hijo y espíritu santo ellos han sido,siempre mi guia y a ellos hago esta dedicación,reconociendo de que ellos son los que han permitido,que esto se lleve a acabo, por que sin ellos nada soy,por que solo ellos son los que permiten que todo se lleve a cabo,

AGRADECIMIENTO

Primero que todo quiero agradecer a Dios y también a mi amada esposa,lucía aj quien ha sido mi ayuda idónea y compañera de guerra quiero agradecer por cada una de sus oraciones hacia mi persona,y también a mis 2 hijas que son marisol chach, y leidy chach también quiero agradecer a la congregación la cual Dios me ha dado el privilegio de pastorear y a cada uno de mis líderes también a mis amigos y hermanos en la fe ,que siempre me han apoyado como también a la familia garcia ,

INTRODUCCIÓN

Estamos viviendo los últimos tiempos ,estamos viviendo la temporada donde la iglesia de jesucristo se está fundando solo en los dones y los talentos ,pero se ha descuidado el fruto del espíritu que es lo que le da fundamento a los creyentes,por eso Dios ha motivado a mi corazón a escribir este libro acerca del fruto,por que de nada sirve ser un excelente predicador, le das mal trato a tu esposa eh hijos de nada sirve ser un gran pastor si no sabes como manejar tu carácter, y de nada sirve si te pasas los 7 días en la iglesia si en tu persona no se refleja el carácter de cristo, personalmente yo no tengo nada encontra de ningun siervo oh hermano en cristo ni tampoco niego los dones y talentos del espíritu,incluso la iglesia que pastoreo se mueve en los dones y los talentos que todo eso es bueno pero lo que te da garantía a tu salvación es el fruto del espíritu , porque cuando tu meditas en los 9 fruto y lo pones por práctica es allí donde se refleja el carácter de cristo,este libro es un libro que va a bendecir tu vida es un libro lleno de revelación y estoy seguro que también te va a ayudar a contestar cada una de tus preguntas acerca de porque muchos ministerios oh ministros han fracasado,como también te va ayudar a fundamentar tu vida en la palabra de Dios y estoy seguro que tu vida va ser diferente si tú lees este libro detenidamente y te apropias de los consejos de la palabra de Dios y de cada uno de los pasos que vas a encontrar en este libro,si pensaste que tu vida oh tu familia ya no tenía solución pues el libro en tus manos te ayudará a fundamentarse más en Dios,y en sus caminos el objetivo de este libro no es para dañar a nadie ni tampoco juzgar a nadie sino el propósito de este libro es para que las almas sean enriquecidas del conocimiento de Dios, y que puedas tener un mejor caminar con el santo evangelio

Pastor cayetano, chach

RECOMENDACIONES DEL PASTOR CAYETANO ACERCA DE PERSONAS

Que lo conocen

Guillermo,tzantzir , doy gracias a Dios por el privilegio que me a dado de conocer, a un gran hombre de Dios ,que es mi pastor el pastor cayetano chach mi vida y la de mi familia durante estos 13 años que él nos lleva pastoreando con la ayuda de Dios, hemos sido muy instruidos y bendecidos en el conocimiento de la palabra, y más ahora que Dios le a dado el privilegio de poder escribir este libro yo estoy seguro de que todo aquel que lea este libro también será edificado grandemente,

Micaela alonso ,

Me siento tan bendecida de parte de Dios,por haber puesto un ministro de bendición en nuestro camino ,al pastor cayetano chach,yo y mi familia llegamos a esa iglesia hace muchos años atrás con muchas ataduras y heridas en el corazón pero a lo largo que nos fuimos congregando y escuchando de sus enseñanzas,fuimos sanados y transformados yo se que a través de este libro muchas vidas serán transformadas ,

Yo y mi congregación nos hemos regocijados en el señor,por la vida del pastor cayetano chach, él ha edificado nuestras vidas grandemente con la exhortación de la palabra de Dios ,nos sentimos muy felices y recomendamos este libro a cada creyente tu vida cambiara ,

,pastor baudilio jimon ,

Familia garcía, nos sentimos tan agradecidos con nuestro Dios ,por la vida del pastor cayetano chach, a sido un hombre de bendición y de mucho ejemplo pues nos hemos gozado y hemos sido edificado con las palabras que Dios a puesto en su boca y con las enseñanzas de la palabra de Dios , y estamos seguros de que este libro va a traer muchos cambios a la vida de todo aquel que lo lea,

INDICE

CAPÍTULO 1

EL AMOR

S e habla de muchas opiniones y conocimientos, acerca del amor, pero la mayoría de cristianos no tiene una idea verdadera acerca del amor, pues el amor es una característica de Dios por eso en este capítulo enseñaré, acerca del fruto del amor para que usted pueda entender lo importante que es tener el fruto del amor y sobretodo caminar en el por que solo de ese modo reflejaremos a jesús y también el amor es uno de los atributos de Dios, , que quiero decir con eso ? de que nosotros como hijos de Dios estamos llamados a reflejar el amor de Dios, estando yo en oración muchas veces Dios me venía a inquietar en mi corazón a escribir este libro acerca del fruto del espíritu

Acompañame a algunos acerca del fruto del amor

1. por que la necesidad del fruto del amor en el cristiano

Miremos algunas bases bíblicas, 1,corintios 13,1-3 si yo hablase lenguas humanas ,y angélicas, y no tengo amor vengo a ser como metal que resuena o símbolo que retiñe y si tuviese profecías y entendiese todos los misterios y toda ciencia y si tuviese toda la fe de tal manera que trasladase los montes y no tengo amor nada soy y si repartiese todos mis bienes y para dar de comer a los pobres y si entregase mi cuerpo para ser quemado y no tengo amor de nada sirve ,,,,, aquí en estas bases biblicas pablo le hablaba a la iglesia de los corintios de la misma manera Dios nos habla hoy a nosotros los cristianos de este tiempo, Los corintios se movían sólo en los dones y los talentos pero tenian un caracter horrible , igual lo mismo está sucediendo hoy en dia ay muchos cristianos que se mueven solo en los dones y talentos pero se han descuidado en desarrollar el fruto del amor de nada sirve ser un excelente predicador oh cantante oh pastor si en ti lo que hay es odio celos o en la iglesia eres una persona, y con tu familia eres otra por eso necesitamos desarrollar el fruto del amor para reflejar a cristo,

2. cómo se identifica una persona con el fruto

Miremos otra base bíblica, mateo,7,20 asi que por sus frutos lo conoceréis

A qui el señor jesucristo nos dejo este ejemplo podemos hablar bonito podemos llegar a la casa de Dios bien trajeados como una mansa paloma y todo eso está bien pero el fruto solo sale a la claridad cuando nos encontramos bajo presiones oh cuando alguien nos ofende allí es donde se identifica que clase de fruto es el que cargas,, otra de las maneras de identificar el fruto es cuando se vive lo que se canta, oh se vive lo que se predica , también el fruto se identifica por medio del buen carácter y la humildad también se identifica cuando tu le ases el bien a aquellos que te han calumniado oh cuanto tú verdaderamente amas a los que te han hecho el mal allí se refleja el buen fruto,,

3. por qué la necesidad del fruto del amor en estos últimos tiempos

Miremos otra base bíblica, mateo,mateo,24,12 y por haberse multiplicado la maldad el amor de muchos se enfriará,, esta es una señal de los últimos tiempos que jesucristo nos habló estamos viviendo los últimos tiempos y esta palabra se a estado cumpliendo dentro de la casa de Dios y fuera cuanto pueblo de Dios no esta viviendo en enemistad el amor de muchos se a enfriado oy en estos tiempos pastores con pastores viviendo en enemistades hermanos en la fe dentro de las mismas iglesias no se hablan y no digamos en el mundo la violencia cada dia aumenta mas por eso con mallor razón necesitamos el primer fruto del espíritu que es el amor amigo lector tú que esta leyendo este libro yo te animo a que le pidas a el espíritu santo que te de de su fruto si has estado viviendo en odio o en tu corazón no hay amor pideselo a Dios y él te lo dará,,

4. cuál será el final de los cristianos que se sostienen sólo en los dones y los talentos Miremos otra base bíblica,mateo,7,21-23 no todo el que me dice señor señor entrará en el reino de los cielos sino el que hace la voluntad de mi padre que está en los cielos muchos me dirán en aquel dia señor señor no profetizamos en tu nombre y en tu nombre echamos fuera demonios y en tu nombre hicimos muchos milagros ,y entonces les declararé nunca os conocí apartaos de mí hacedores de maldad,, el final para los que se mueven solo en sus habilidades o los dones y talentos sera que al final van a perder su salvación por que se dejan usar por Dios, pero sus vidas es un desastre por eso lo que le da garantía a tu vida y a tu salvación, es el fruto del espíritu, porque con el fruto reflejamos el carácter de cristo yo personalmente no tengo nada en contra de nadie es mas ni estoy atacando a nadie pero te doy este consejo de Dios para que llegues a reflejar a cristo el las áreas de tu vida que necesites ni tampoco niego las manifestaciones del espíritu santo la iglesia que pastoreo por la misericordia de Dios también es una iglesias que se mueve fuertemente en los dones y en los talentos que Dios nos a regalado pero también tratamos de cultivar el fruto de espíritu para reflejar a nuestro Dios ,,

5. cómo apropiarnos y desarrollar el fruto del amor Miremos otra base bíblica,, mateo,7,,7 pedid y se os dará buscad y hallaréis ,llamad y se os abrirá. Para apropiarnos y desarrollar el fruto del amor primero que todo debemos ir en oración delante de nuestro Dios y confesarle nuestra condición pues la palabra de Dios nos ensena , de que todo el que pide recibe el amor es el primer fruto del espíritu y si tu careces de amor pídele a Dios que él te lo va a dar para desarrollar el amor demos de empezar a ponerlo por práctica empieza a darle amor a aquellos que lo necesitan, pero si tu me dices pero pastor usted no sabe lo que me han hecho,, deja la justificación por un lado solo recuerda que no le hicieron a jesús o que no le hacemos nosotros aun todavía siendo cristiamos y el nos perdona y nos ama

3

CAPÍTULO 2

EL GOZO

EL gozo es la habilidad de permanecer contento y animado, de pie en medio de circunstancias malas , el gozo es algo espiritual de la cual disfrutan los creyentes en los cuales mora el espíritu santo, este es el segundo fruto del espíritu que se llama gozo , cuando el creyente tiene este fruto que se llama gozo no depende de las opiniones de los de mas para ser feliz ni tampoco anda buscando la aprobación de las personas para estar lleno de gozo cuando el creyente tiene este fruto tiene la capacidad para permanecer fortalecido en medio de cualquier circunstancia el proposito de satanas siempre a sido robarnos el gozo para que nosotros blasfemos el nombre del señor y para que nos apartemos del santo evangelio pero a través de este libro aprenderemos algunos consejos de la palabra que nos ayudará a permanecer fortalecidos y gozosos para llegar a la meta final

Miremos algunos ejemplos otros ejemplos del gozo

1. el ejemplo de jesús

Miremos el ejemplo, bíblico,hebreos 12,2 ,puestos los ojos en jesús el autor y consumador de la fe el cual por el gozo puesto delante de él sufrió la cruz menospreciando el oprobio y se sentó a la diestra del trono de Dios, El ejemplo que nos da este pasaje bíblico es de que cuando tu te enfocas en la meta que tengas eso te ayudará a mantener el gozo ,la biblia habla de jesús el cual puesto el gozo delante de él sufrió la cruz, lo que nos da a enter es de que no se enfocó en los latigazos ni los clavos sino el sabia que por medio de ese sacrificio camino se iba abrir para la salvación de muchos y no solo eso sino también el lograria sentarse a la diestra del trono de Dios, cuando tu te enfocas más en los problemas pierdes el gozo pero si te enfocas en la victoria que Dios te dará permanecerás con el gozo puesto delante de ti por eso debemos , pedir en oración el segundo fruto del espíritu que es el gozo para poder llegar a la victoria

2. cómo espera Dios que se conduzcan sus hijos

Miremos otro ejemplo bíblico filipenses,4, 4 regocijaos en el señor siempre otra vez digo regocijaos

La biblia nos enseña que el deseo de Dios es que siempre aiga regocijo en nuestro corazón Hay personas que solo se gozan cuando les viene el cheque semanal o cuando hablan con la novia o cuando todo va bien en la familia o cuando todo marcha bien del modo que ellos esperan, pero qué sucede cuando uno de estas cosas salen mal se pierde el gozo entonces viene el fracaso, por eso Dios quiere que tú permanezcas pero en el gozo que él da por medio del fruto del espíritu para que tu gozo no estés fundado en las circunstancias de este mundo sino que tu gozo venga del señor cuando nuestro gozo proviene del fruto del espíritu entonces se podrá cumplir esta palabra en nosotros que en medio de procesos y desiertos podremos permanecer regocijaos en nuestro Dios, amigo lector tú que estás leyendo este libro no ha llegado a tus manos por casualidad sino Dios quiere que tu vuelvas a recuperar ese gozo que tú has perdido por medio de los golpes de la vida

3. cómo hace satanás para robarnos el gozo y cual es su propósito

Miremos otro ejemplo bíblico juan,10,10 . el ladrón no viene sino para hurtar y matar y destruir

,la biblia es bien clara el propósito de satanás es robarnos el gozo y como lo hace por medio de las luchas y las pruebas el propósito de satanás es desgastarnos llenarnos de depresión para que, miremos la vida sin sentido, y eso lo puede lograr sólo cuando nos roba el gozo, tal vez tu has estado en la presencia de Dios y Dios te llenado y capacitado para toda buena obra, y tal vez tu has estado creciendo en Dios y te sientes feliz gozoso de poder llegar con tus metas que tienes, pero como a satanás no le agrada verte feliz ni mucho menos gozoso entonces vine y levanta acusaciones en tu contra o tambien persecución cuando el diablo no logra robarte el gozo por medio de la acusación y la persecución entonces te avienta su arma poderosa que es la tentación , todo esto lo hace el diablo con el único propósito de robarte el gozo , querido lector no dejes que el diablo te llene el corazón de odio ni de amargura recuerda de que Dios te ama

4. cómo se identifica el gozo en el creyente

Miremos otro ejemplo bíblico, hechos16. 25- 26 pero a medianoche orando pablo y silas cantaban himnos a Dios y los presos los oían entonces sobrevino de repente un gran terremoto de tal manera que los cimientos de la cárcel se sacudían y al instante se abrieron todas las puertas y las cadenas de todos se soltaron

El gozo en el creyente se identifica cuando tu llegas a comprender de que tu única opción es Dios, en esta ocasión pablo y silas se encontraban presos, te imaginas tu por un momento si fueras tu como se reflejaria tu actitud como cristiano, como se identificaria tu gozo sera que te pondrias a cantar como estos hombres de la biblia o empezarías a maldecir y a reflejar amargura y enojo, la biblia dice que por sus frutos lo conoceréis muchas veces para que el fruto de alguien se refleje es necesario de que esa persona pase por diferentes dificultades para ver su reacción ,solo en los momentos malos reflejamos quienes somos.

5. por qué la necesidad del gozo en la vida del creyente

Miremos otro ejemplo bíblico, nehemías 8,10 nos os entristezcáis por que el gozo de jehová es vuestra fuerza

La necesidad del gozo en el creyente, es porque, cuando el creyente tiene gozo se siente fortalecido, y la fortaleza lo capacita para hacer cosas grandes pero solo con el gozo que proviene de Dios, usted puede notar que una persona , que ande en la carne todo le molesta todo le cae mal ,y se siente cansada la persona que no tiene las fuerzas para hacer nada, pero ahora mire la diferencia entre una persona que tiene el fruto llamado gozo. Tiene la fuerza suficiente y se siento motivado , para poder cumplir todo lo que se ha propuesto hacer, por eso Dios nos dice en su palabra no os entristezcáis por toda la maldad que ven vuestros ojos, por,que cuando tu dejas que la tristeza invada tu corazón empiezas a sentir que la vida no tiene sentido y que eres una casualidad aqui en la tierra , la tristeza se encarga deempoderartepara que te sientas un fracasado ,, pero el gozo te da la fortaleza para poder cumplir tus sueños, entonces aquí entendemos la necesidad del gozo en la vida del cristiano , tu que este libro a llegado en tus manos, si te has sentido desanimado ,oh la tristeza ha invadido tu corazón, hoy yo te invito a que oremos juntos , repite conmigo esta oración con todo tu corazón, y en voz alta, padre celestial yo reconozco que solo no puedo y que necesito de ti yo te pido en el nombre de jesús que llenes mi corazón de gozo dame señor el fruto del espíritu llamado gozo todo te lo pido en el nombre de jesús amén

6. el gozo para heredar la salvación

Miremos otro ejemplo bíblico, hebreos,10.34, porque de los presos también os compadeciste, y el despojo de vuestros bienes sufristeis con gozo sabiendo que tenéis en vosotros una mejor y perdurable herencia en los cielos

Cuando hay gozo en ti a ti no te duele despojarte para ayudar a tu prójimo sabiendo ,de que algo mejor te espera en el reino de los cielos , por que el mismo gozo que hay en ti te motiva a ayudar al necesitado sabiendo que algo mejor hay para ti, pero cuando en ti no hay gozo tu te alegras de las desgracias de lo demás o pones en poco las necesidades ajenas, y sabemos de que de esa manera no heredaremos el reino de Dios ,, amigo mientras que esperamos el tiempo aqui en la tierra para heredar la salvación cuando tengas la oportunidad de ayudar a alguien hazlo con gozo sabiendo que nada de lo que hacemos aqui es en vano recuerda si lo haces con gozo una mejor herencia te espera en los cielos

7. cómo podemos recibir el gozo

Miremos otro ejemplo bíblico,job,20,4-5 no sabéis esto que así fue siempre desde el tiempo que fue puesto el hombre sobre la tierra ,que la alegría de los malos es breve y el gozo del impío un momento

Muchas de las ocasiones del impío o el malo ellos reciben el gozo por medio de placeres o drogas o alcohol pero el gozo de ellos es pasajero ahora miremos cómo reciben el gozo los, cristianos los creyentes reciben gozo de parte de Dios el gozo se recibe pidiendolo por medio de ayuno y oración entrgandole todo lo que nos estorba y pidiendo el fruto del espíritu Como te decía anteriormente de que el gozo de la persona que no sirve a Dios o sea de un mundano ellos para tener ese gozo muchas de las veces lo compran invirtiendo dinero en alcohol o drogas , o por ejemplo se hacen de cosas lujosas pero solo por hacerse sentir bien momentatario o para que los admiren pero dentro de ellos hay tristeza y soledad , pero un cristiano con el gozo de jehová todo lo tiene cómo podemos recibir ese gozo Pidiendole todos los dias al espíritu santo que nos de del fruto llamado gozo

Y ayunando y orando suplicando a Dios que sea él, el que invada nuestro corazón,

CAPÍTULO 3

LA PAZ

La paz todo el mundo la necesita es algo que le da confianza al ser humano en este mundo en que vivimos todo ser humano anda agitado afanado algunos por hacer riquezas otros por llegar a ser alguien en la vida y otros por que no tienen lo suficiente para vivir y algunos que lo tienen todo pero sin embargo no lo pueden disfrutar, saves por que?. Por que les falta este ingrediente llamado paz, la paz es el tercer fruto del espíritu aquí en este capítulo estaremos tratando temas que te van a ayudar para poder mantenerte en paz mayormente en los tiempos que estamos viviendo, la biblia nos advierte que son tiempos finales y que la maldad aumentara, y ahora imaginate si nos enfocamos solo en lo malo y dejamos que nuestro corazón se llene de miedo y inseguridad ya no tendremos la fe suficiente para poder creer en las promesas de la palabra de Dios por eso a Dios le interesa que en ti pueda estar esa paz para que enmedio de cualquier dificultad podamos seguir creyendo, y avanzando en el santo evangelio

Miremos algunos otros ejemplos que nos ayudarán a entender este capítulo Acerca del fruto de la paz

1. será que el mundo producirá paz en el creyente?

Miremos el ejemplo bíblico, isaías 30,7 dice ,ciertamente egipto en vano e inútilmente dará ayuda por tanto yo le di voces que su fortaleza sería estarse quietos

Muchas veces cuando la angustia llega a la vida del creyente, él trata de buscar medios en el mundo, que le puedan ayudar, pero la biblia es bien clara de que cuando la angustia llegue, la única solución para el cristiano, es mantener la paz para seguir creyendo en las promesas de Dios por eso Dios a inquietado mi corazon para escribir este libro de que solo por medio del fruto del espiritu que se llama paz podremos mantener la quietud aun que miremos de que todo se torna negro al nuestro rededor la unica salidad es creer en las promesas de Dios,

2. será de que la política oh un presidente, podrá darle paz a una nación, o al ser humano ? Miremos otro ejemplo bíblico,isaías,57,20-21, pero los impíos son como el mar en tempestad que no pueden estarse quieto,y sus aguas arrojan cieno y lodo,no hay paz ,dijo mi Dios para los impíos

La mayoría de veces la gente espera recibir paz por medio de un presidente, o cuando deposita mos la confianza, en un ser humano oponemos la esperanza la nacion mejorar portal persona, tú como hijo de Dios tu confianza no debe estar en ningún hombre impío, o alguien del mundo, la biblia dice que la persona mundana es como el mar en tempestad, alguien que no tiene paz no le pude dar paz a otro pues cada uno da de lo que él tiene en estos últimos tiempos nosotros como hijos de Dios necesitamos reflejar al mundo de que la paz se obtiene solo en jesús por eso todo deber de todo cristiano debe ser pedir el tercer fruto del espíritu que se llama paz para poder impartirlo con el mundo, querido lector el propósito de este capítulo es para que tu entiendas de que ningún ser humano puede darte la paz, solamente a través del fruto del espíritu se puede, llegar a obtener , yo te animo hoy de que vayas en oración si, has, estado amargado o angustiado hoy, llegó el momento de que tu le pongas fin a las raíces de amargura,, repite conmigo en voz alta esta oración, padre yo me arrepiento por haber puesto mi confianza en algo, fuera de ti me arrepiento por haber dejado que mi corazón, se llenará de amargura hoy en el nombre de jesús renuncio a todo espíritu de amargura enojo y ira les ordenó que se, vayan de mi vida en el nombre de jesúsamén

3. podrá las riquezas producir paz?

Mire mo sotro ejemplo biblico eclesiastes, 6,,1-2 hay un malquehevisto debajo del cielo, y muy común entre los hombres ; el del hombre a quien Dios da riquezas y bienes y honra, y nada le falta de todo lo que su alma desea; pero Dios no le da la facultad de disfrutar de ello sino que lo disfrutan los extraños esto es vanidad y maldoloroso

Aquí podemos ver otro ejemplo, bíblico de que hay muchos de que creen de que tener riquezas produce paz pero la biblia dice de que Dios no les da la facultad de disfrutarlo No quiero de que me mal entienda, no estoy diciendo que el dinero es malo, ni de que estoy en contra de aquellos a quienes Dios prospera, no esto es el propósito lo que yo quiero de que entiendas es de que aun los ricos muchas, veces teniéndolo todo ,no tienen paz en sus corazones, querido hermano la paz solo proviene de Dios , tal vez tu puedes ver a alguien que se faja en trabajar y tal vez su sueldo que tenga no son de miles pero tu siempre le ves un rostro sonriente ,sabes por qué,, por que, es una persona que busca presencia de Dios es una persona que ha llegado a la totalidad de entender que solo el fruto del espíritu produce paz, como repito el dinero no es malo lo malo, es cuando tu paz ,depende ,de él , no pongas tu confianza en nada de este mundo recuerda lo que dijo el rey salomón vanidad de vanidades todo es vanidad ,

{pastor cayetano chach}

4. como aconseja la biblia que podemos disfrutar la paz?

Miremos otro ejemplo, en el salmo,119,,165,dice mucha paz tienen los que aman tu ley ,y no hay para ellos tropiezo

Era una pregunta que nos hacíamos, como aconseja la biblia que podemos disfrutar la paz, la respuesta que obtenemos es bien clara es de que todo aquel que guarde los mandamientos de Dios, gran paz le sigue al que le es fiel a la palabra de Dios, cuando tu amas la palabra de Dios le estas poniendo,tu confianza en ella y de allí se desarrolla el creer en sus promesas igual de esta manera nos aconseja la biblia a pedir el fruto del espíritu llamado paz por que solo cuando hay paz en tu corazón puedes creer a algo, déjame ponerte este ejemplo una

11

persona que haya sido traicionada o herida una y otra vez no tendrá la capacidad de confiar en nadie, pero de repente se encuentra a alguien, que le sane sus heridas , y de repente, empieza a sentir confianza y paz en esa persona, entonces empieza a disfrutar la paz, lo mismo hace Dios con nosotros él quiere que creamos a su palabra para poder disfrutar la paz,,querido lector no importa si has fallado,reconcíliate con Dios, el señor jesucristo quiere que tu puedas distinguir entre convicción y acusación la convicción viene de parte del espíritu para volver tus caminos hacia Dios pero la acusación viene de satanás para robarte la paz por eso es de gran importancia el fruto de la paz en la vida del creyente por que solo cuando hay paz en titu soí dos espirituales sepuede nabrir para escuchar la voz de Dios,

,repite conmigo esta oración padre celestial yo te pido perdón si en algo o con algo te fallado ruego señor que me perdones escribe mi nombre en el libro de la vida y me laves con tu sangre y me llenes de paz en el nombre de jesús,

5.   cómo se identifica un creyente con el fruto de lapaz

Miremos otro ejemplo bíblico, en colosenses,3,15,dice y la paz de Dios gobierne en vuestros corazones, a la que asimismo fuisteis llamados en un solo cuerpo y sed agradecidos,,,,

El fruto de la paz se identifica en un creyente cuando nos dejamos gobernar por Dios en nuestros corazones por medio de su palabra , cuando la paz de Dios gobierna nuestros corazones empezamos a portar una actitud diferente al resto, por que? Te digo al resto, , por que, hay muchos creyentes que no se dejan gobernar por la paz de Dios , cuando tu dejas que Dios gobierne tu corazon tu actitud no puede ser la misma tu empiezas a ser agradecido con Dios y con los que te rodean alli es donde se identifica el fruto en el creyente, de otra manera seria imposible decir que estamos siendo gobernados por Dios cuando portamos una actitud rebelde, la biblia dice que de lo que hay en nuestro corazón se refleja en nuestro rostro o en nuestro carácter tu no puedes decir que Dios esta en ti cuando estas representando al mismo diablo, haciendo discordias o cuando estas lleno de afan o las corrientes de este mundo, empiezan a combatir nuestros pensamientos llevándonos a dudar de las promesas de nuestro Dios el fruto se identifica cuando tu empiezas a descansar en las promesas de la biblia,, no importa lo que el mundo diga , nosotros nos vamos a identificar por medio de lo que le hemos creido a Dios en romanos dice que no hay nada que pueda separarnos de Dios,

6. la necesidad del fruto ,por que, ya hubo una advertencia

Miremos otro ejemplo bíblico en, juan 16,33 dice estas cosas os he hablado para que en mí tengáis paz en el mundo tendréis aflicción pero confiad yo he vencido al mundo

El señor jesucristo nos advierte de que en el mundo tendríamos aflicción,no podemos decir que la mayoría de veces cuando vengan las pruebas o las dificultades estamos solos o quien nos puede escuchar cada vez que un ataque del infierno venga nosotros nos debemos de acordar de este pasaje bíblico, la mayoría de cristianos de este tiempo , creen que por que son hijos de Dios, el deber de él es mantenerlos en una vitrina sin que ningún mosco se les pare, muchas veces cree mosque porque venimo sal evangelio los problemas se ter minaron, pero no esasíel señor fue bien claro en su palabra de que vendrían aflicciones ahora la pregunta cómo podemos vencer todo esto solo por medio de la paz por eso necesitamos el fruto llamado paz por que solo de esa manera lograremos vencer las aflicciones de este mundo jesús dijo confiad yo he vencido al mundo, no es un hombre mentiroso el que te está prometiendo es el creador de los cielos y la tierra el que te da esta promesa, si tu has estado pasando por luchas y pruebas hoy Dios te habla por medio de este libro, y te dice no temas no dejes que el diablo te engañe por lo que tus ojos ben pon tu mirada en la palabra de Dios y deja que el espíritu santo llene tu corazón de paz,

7. cuando hay paz produce confianza entre el hombre hacia Dios,

Miremos otro ejemplo bíblico, en romanos,5,1, dice,justificados pues por la fe, tenemos paz para con Dios por medio de nuestro señor jesucristo

Cuando hay paz en tu corazón hay una justificación, entre el hombre y Dios, cuando no hay esa paz tu no te puedes sentir digno de ser hijo de Dios por la ansiedad y la acusación del diablo te harán sentirte indigno de Dios que no eres lo suficiente santo para que Dios, te escuche , y es de allí cuando empezamos a buscar medios para tener, la aprobación de los , hombres amigo lector si tu eres un creyente nacido de nuevo y andas haciendo la voluntad de Dios tu no necesitas la aprobación de ningún hombre aquí en la tierra para sentirte bien recuerda de que la biblia dice que somos justos a través de jesucristo, y Dios te dice, yo te amo yo soy el que te formó en el vientre de tu madre,yo soy el que te perdono todos tus pecados, tu eres valioso para mi te dice Dios , no importa aunque te rechacen o te humillen,tu eres valioso para mi te dice Dios el deseo de Dios, es que tu camines con la frente en alto, y recuerda de que cada vez que Dios te ve él ve a su hijo jesucristo a través de ti así que siente contento y deja que tu corazón se llene de paz por que solo de esa manera conseguirás el descanso en las promesas de la biblia

8. la paz te ayudará a heredar la salvación

Miremos otro ejemplo bíblico en hebreos,12,14-15,dice seguid la paz, con todos y la santidad sin la cual nadie verá al señor, , mirad bien no sea que alguno deje de alcanzar la gracia de Dios; que brotando alguna raíz de amargura, os estorbe y por ella muchos sean contaminados

El fruto de la paz es bien importante el la vida del creyente, por que es lo que te da garantia, para tu salvación, imaginate de nada te sirves ser el mejor maestro o el mejor músico si, en ti hay raíces de amargura eso te va a estorbar para alcanzar la salvación y hasta vas a contaminar, a muchos por que tu sabes que cuando un corazón anda,dolido lo único que quiere es dañar al resto o contaminar a muchos de modo de que todo se pierda por eso recuerda lo que te decía anterior necesitamos ese fruto llamado paz por que solo de esa manera heredaremos nuestra salvación si tu te mueres hoy ,y si te vas de este mundo con falta de perdón,en tu corazón, o con raíces de amargura yo te garantizo que para el cielo no vas pero si tu tienes el fruto de la paz eso te va ayudar para que puedas perdonar ,y seguir la paz con todos, por eso te explico que la paz te ayudará para heredar la salvación , no dejes que la amargura te estorbe para heredar la salvación

9. la paz produce amor hacia los enemigos

Miremos otro ejemplo bíblico en mateo,5,44 pero yo os digo; amad a vuestros enemigos,bendecid,a los que os maldicen haced bien a los ,que os aborrecen y orad por los os ultrajan y os persiguen

El amar a nuestros enemigos no es una opción ,es un mandamiento que jesús nos establece ,como hijos de Dios todos los creyentes nacidos de nuevo estamos llamados a amar y perdonar ,pero es lo más duro amar a alguien que te ase daño, pero cuando tu tienes ese fruto llamado paz vas a tener la capacidad para poder perdonar y poder amar, querido hermano tu que estás leyendo ,yo te animo si en ti no esta este fruto llamado paz ,pideselo a Dios yo te garantizo de que las cosas se te seran mucho, mejor cuando en ti hay paz no importa lo que estés pasando, tu vas a tener la capacidad para reaccionar de una manera diferente,y tu corazón producirá amor para tus enemigos , pues nosotros también debemos entender bien claro las,sagradas escrituras de que nuestra lucha no es contra sangre ni carne sino contra espíritus de las tinieblas ,pero cuando tú estás turbado y en ti no hay esa paz bas a empezar a reaccionar de una manera carnal ,,cuando hay paz en ti , no importa lo que te hayan hecho con la ayuda de Dios tu vas a poder amar ,recuerda lo que hablamos anteriormente que en los últimos tiempo el amor de muchos se enfriará y hoy estamos viviendo esa temporada ,por eso con más urgencia necesitas el fruto de la paz,

10. la paz abre camino para que la mano de Dios trabaje a tufavor

Miremos otro ejemplo bíblico, en romanos,12,18-21 si es posible en cuanto dependa de vosotros, estad en paz con todos lo hombres,no os venguéis vosotros mismos amados míos sino dejad lugar a la ira de Dios porque escrito está mía es la venganza yo pagaré dice el señor, así que si tu enemigo tuviere hambre dale de comer pues haciendo esto ascuas de fuego amontonarás sobre su cabeza, no seas vencido de lo malo sino vence con el bien el mal

En este último capítulo de la paz , yo quiero de que tu entiendas de que vale la pena dejar de que sea Dios quien te aga justicia de todo por eso dice el titulo la paz abre camino para que la mano de Dios trabaje muchos de nosotros cuando atravesamos algo o no hacen algun daño ya queremos de que todo se solucione rápido y muchas de las veces tomamos nosotros acciones mismas a causa de la desesperación la biblia dice en cuanto de vosotros dependa estad en paz con los hombres por que solo de esa manera Dios podra obrar pero nuevamente te digo que para que esto se pueda llevar a cabo necesitamos el fruto llamado paz solo de esa manera tendríamos paciencia y tranquilidad para esperar a que Dios trabaje a nuestro favor para finalizar este capítulo querido lector no importa lo que estés pasando o lo que te hayan hecho ponlo todo en las manos de Dios y vas a ver la recompensa del cielo , Dios no se a olvidado de ti él está trabajando a tu favor

CAPÍTULO 4

LA PACIENCIA

La paciencia es otro fruto que necesitamos ,por medio de ella alcanzaremos muchas cosas,, he incluso nuestra propia salvación, la paciencia es la que encamina al creyente a su victoria, también para recibir las promesas bíblicas, debemos de tener paciencia la paciencia es bien importante, en cada uno de nosotros, a través de este capitulo estaremos tratando temas del fruto de la paciencia, yo estoy seguro que va a bendecir tu vida, la mayoría de nosotros carecemos de la paciencia , vivimos en un mundo donde todo lo queremos estilo microondas, y además por la falta de paciencia tomamos decisiones equivocada la cual la mayoría de las veces nos lleva a arrepentirse pero aveces ya es demasiado tarde, eh incluso por la falta de paciencia, muchas veces nos apresuramos para casarnos con la persona equivocada y también por la falta de paciencia hasta ministerios, se han destruido he incluso hasta familias, también por la falta de paciencia hasta puedes tirar a la basura todo lo que,te a costado ayuno y oración,

Miremos algunos ejemplos que nos ayudaran en este capítulo De la paciencia

1. la paciencia para heredar la salvación

Miremos el ejemplo bíblico en lucas, 21,19, dice con vuestra paciencia ganaréis vuestra sal mas, La paciencia es algo que nos ayuda, ,en todo, es más una persona que no tiene este fruto llamado, paciencia no va para ningun lugar, , yo quiero amigo lector de que tú medites con migo en este, capítulo acerca de la paciencia, mayor mentente en los tiempos que estamos viviendo,es tiempo de reflexionar en las escrituras, solamente con la paciencia, un dia llegaremos a ese lugar que cristo, fue a preparar para su pueblo no te des por vencido,

2. la paciencia para heredar las promesas

Miremos otro ejemplo bíblico en hebreos,10,36, por que os es necesaria la paciencia para que habiendo hecho la voluntad de Dios ,obtengáis la promesa,

La paciencia lo necesitamos en todo en este caso el señor, nos dice en su palabra, que para heredar,las promesas que él tiene para nosotros,se requiere de paciencia la mayoría de las veces, nosotros como seres humanos, nos desesperamos, y queremos las cosas ligeras ,ya es algo que tenemos en nuestra naturaleza caída, y cuando la desesperación se apodera de nosotros lo echamos a perder todo, por eso Dios nos da este ejemplo bíblico, para que nosotros podamos aprender de que por medio de la paciencia heredaremos las promesas que Dios ,tiene para cada uno de nosotros, tanto las celestiales como también las terrenales, por eso yo te animo a ser paciente por que el que te lo a prometido es fiel ,escucha parte de nuestro testimonio como ministerio cuando Dios me llamó al pastorado nuestra congregación fue creciendo pero alguien vino, y sembró cizaña y muchas de la ovejas se fueron,pero el señor nos dio paciencia para seguir esperando lo que él nos había, prometido y hoy tenemos el privilegio de pastorear una congregación grande a(Dios sea la gloria) y también contamos con otras iglesias hijas que están bajo nuestra cobertura

3. paciencia en medio de las luchas y pruebas

Miremos otro ejemplo bíblico,santiago,1,2-4 hermanos míos tened por sumo gozo cuando os halléis en diversas pruebas, sabiendo que la prueba de vuestra fe produce paciencia, mas tenga la paciencia su obra completa,para que seáis, perfectos y cabales,sin que os falte cosa alguna,

La mayoría de las veces cuando nos hallamos en diversas pruebas, nos desesperamos, y queremos empezar, a utilizar, armas carnales, como consecuencia de la desesperación por eso Dios nos alerta, de que cuando nos hallamos en estas situacion lo unico que nos va a ayudar es la paciencia, cuando este fruto llamado, paciencia está en ti va a empezar a desarrollar fe, en tu corazón y la fe te llevará a una fortaleza,que producirá gozo en ti y cuando el gozo está en ti vas a tener la paciencia, para esperar , y para entender de que todo tiene una salida , el anhelo de Dios es que tu puedas desarrollar esa paciencia para poder dejar que sea él el que le de la salida a tu vida de todo problema , querido amigo dejame decirte de que a causa de la impaciencia, muchos han matado y otros hoy está tras una rejas lamentando el día que ellos se despertaron, y no dejaron que Dios actuará por ellos a causa de la impaciencia cuantos no se lamentan por ser precipitados pero Dios te a dado el privilegio de tener este libro en tus manos, para poder recapacitar y trabajar en el área de tu vida,que se llama paciencia si Dios te ha estado ministrando, por medio, de este libro repite conmigo esta oracion señor, jesus gracias porque tu hablas a tiempo y fuera de tiempo yo te ruego señor de que quites de mí la impaciencia y me des del fruto llamado paciencia todo te lo pido en tu nombre jesus amen

4. paciencia para tener una oración con testada

Miremos otro ejemplo bíblico en el salmo,40,1-2 dice pacientemente esperé,a jehová, y se inclinó a mí , y oyó mi clamor ,y me hizo sacar del pozo de la desesperación, del lodo cenagoso puso mis pies sobre peña, y enderezó mis pasos

En los momentos cuando ponemos ,peticiones delante , de Dios la mayoría de veces nos desesperamos , y queremos una oración que sea contestada rápida, pero en este caso vamos, a usar el ejemplo del rey david él nos narra por medio de este salmo que para que una respuesta llegue a nuestras manos necesitamos la paciencia , por eso como,te decía anteriormente, de que la mayoría de nosotros necesitamos el fruto del espíritu llamado paciencia, solo de esa manera podremos llegar a obtener las oraciones contestadas, querida amiga o amigo lector, tu que le estás clamando a Dios por algo, talves asta has llegado a pensar de que Dios se olvido de ti pero jemame decirte de que él está al pendiente de ti y que tu respuesta viene de camino, sabes cual es el error más grande que cometemos la mayoría de cristianos, que nos rendimos por la desesperación y por la falta de paciencia, pero hoy yo quiere motivar tu corazon, a traves de este capítulo , mira si tu eres una de las personas que has pensado dejarlo todo, y crees que Dios no te escucha,, hoy yo quiero decirte sierrale tus oídos a las voces negativas y suelta la impaciencia , y pidele a Dios que te dé el fruto del espíritu llamado paciencia y vas a ver de que por medio de tu oración que presentes delante de Dios y tu paciencia vas a llegar a obtener muchas cosas así que recuerda de que la paciencia es bien importante en nuestra vida

5. la paciencia para el dia del arrebatamiento,

Miremos otro ejemplo bíblico en,2 pedro,3,9,10 el señor no retarda,su promesa según algunos la tienen por tardanza sino que es paciente para con nosotros, no queriendo,que ninguno perezca sino que todos,procedan,al arrepentimiento, pero el dia del señor vendra como ladron en la noche

Como te decía en el capítulo anterior, de que la paciencia es bien importante en nosotros tu te puedes dar cuenta con tus propios ojos ,de que hay muchos cristianos que se les a terminado la paciencia de esperar el dia del arrebatamiento, y han tomado la decisión de volver al mundo,sabes por qué a ocurrido esto, por que algunos dicen yo me acuerdo que desde que era niña mencionaron de que cristo venía y ahora ya soy una persona mayor, y hasta hijos tengo, y aun cristo no a venido, no dejes de que la paciencia por esperar el regreso del señor se te acabe , la biblia dice que el señor no retarda sus promesas según algunos la tienen por tardanza,la paciencia es bien importante en estecaso selo de bemos de pedir al espíritu santo, que nos dé el fruto de la paciencia para seguir esperando el dia del arrebatamiento, esto no está muy lejos de acontecer tus ojos pueden ver de que estamos viviendo los últimos tiempos las señales de su venida se están cumpliendo no de dejes que la falta de paciencia se agotee, te haga perder tu salvación, muchos están más preocupados por los afan es de esta vida,la falta de paciencia los agotó, pero gracias le doy a Dios que te dio el privilegio, de que este libro llegue a tus manos, , Dios te dice , yo vengo pronto,

6. la paciencia para soportarlos,,como hijos de Dios en la congregación

Miremos el texto bíblico,efesios,4,2,dice ,con toda,humildad y mansedumbre ,soportándoos con paciencia los unos a los otros en amor

La palabra de Dios nos manda a soportarnos, los unos a los otros, pero es lo menos que hacemos en la mayoría de iglesias siempre hay personas iritandose, unos a otros no se hablan sabes, porque? por que se ha perdido la paciencia una persona que no tiene paciencia se vuelve insoportable ella misma, por eso Dios nos hace un llamado a tener la paciencia dentro de nosotros para soportarnos entre de nosotros mismos, querido hermano ten paciencia de los defectos que tu ves en tu prójimo solamente clama a Dios el es el único que puede traer cambios dentro de una vida, o una congregación la mayoría de veces nos molestamos por cosas que no nos agrada pero lo único que nos puede ayudar es la oración y la paciencia por eso hoy te invito a que pidas el fruto de la paciencia , porque con tu paciencia llegarás a ver muchas cosas, pero cuando entra la desesperación en la vida de una persona hacemos las cosas contrarias, recuerda que la desesperación solo nos llevará a la ruina, mayor mente tu ya sabes de que estamos viviendo tiempos finales, es tiempo de que con mayor razón debemos desarrollar la paciencia por que solo de esa forma llegaremos al final, ,, padre yo oro sobre la vida de cada persona que está leyendo este libro senor jesus yo te pido que tu llenes sus vidas con paciencia para poder seguir en tus caminos gracias señor por que yo se que tu lo aras

7. la paciencia de los antiguos como ejemplo de los cistianos de estetiempo

Miremos otro ejemplo bíblico,santiago ,5,11 dice, he aquí tenemos por bienaventurados a los que sufren habéis, oído de la paciencia de job , y habéis visto el fin del senor que el señor es muy misericordioso y compasivo

Es bien importante de que nosotros pensemos en el sufrimiento que han atravesado nuestros antepasados, y que con mucha paciencia ellos lograron salir de sus aflicciones, el problema de hoy es que no hay paciencia para soportar las aflicciones, por eso te puse este ejemplo mira la aflicción de job la biblia dice que tomes como ejemplo a ellos cada vez que nosotros nos enfocamos en las escrituras, y tomas ejemplos de cada personaje,y las aflicciones que ellos atravesaron entonces llegamos a comprender,de que enmedio de una aflicción la paciencia nos puede ayudar ,cuando no hay paciencia nos desesperamos y nos turbamos y cuando tú estás turbado ya no hay espacio para pensar en lo bueno , ni para orar al Dios del cielo, ahora ves la importancia del fruto de la paciencia en cada uno de nosotros querido hermano la paciencia nos ayuda a reflejar el carácter de cristo, como te decía en un capítulo anterior podemos cantar bonito podemos predicar bonito pero si somos personas desesperadas, impacientes en un instante podemos echar a perder todo lo que nos ha costado tanto trabajo, hoy es tiempo de reflexion areste libro no hallegado atusmanos por casualidad sino es Dios quienlo a permitido por que el quiere tratar contigo no importa lo que estés pasando ten paciencia toda aflicción tiene una salida ,después que tu has esperado con paciencia para salir de cualquier prueba,entonces viene tu recompensa así que sigue creyendo amen;

8.   por qué? la necesidad del fruto de lapaciencia

Miremos otro ejemplo bíblico,romanos,15,5 dice pero el Dios de la paciencia y de la consolación os dé entre vosotros un mismo sentir según cristo, jesús;

La necesidad del fruto de la paciencia, en la vida un creyente es porque nosotros como hijos,debemos de portar la naturaleza de Dios, ves que es lo que dice, romanos, el Dios de la paciencia ,quien es el Dios de la paciencia? Nuestro señor jesucristo, por eso todo hijo de Dios debe a aprender a ser paciente o desarrollar la paciencia en el, imaginate si nosotros siendo hijos de Dios somos arrebatado he impaciente que con todo nos enojamos será que así reflejaremos a cristo de ninguna manera, cuando nosotros nos proponemos reflejar cada uno de esos frutos venimos a reflejar el carácter de jesús, en todas las áreas de nuestra vida y sabes cual es los más gloriosos, que no solo reflejas a cristo aquí en la tierra sino que también el fruto del espíritu nos ayudará para heredar la salvación como yo lo decía al principio que ahora la mayoría de iglesias le estan dando mas prioridad a los dones , y los talentos pero como viven los cristianos que administran en el altar su vida privada será que hay integridad ,delante de Dios será que verdaderamente es el espíritu santo fluyendo en ,los ministros , nos estamos moviendo solo con los dones y los talentos, y al final de la carrera llegaremos delante de jesús, y le diremos señor pero en tu nombre yo cante y yo predique, eche fuera demonios ,que? Será lo que él nos va, a responder pasa adelante buen siervo mío, o será que nos dira apartaos de mí hacedores de maldad no os conozco, querido hermano Dios nos habla a tiempo y fuera de tiempo si ,tu as sido un cristiano impaciente hoy Dios quiere cambiar tu vida a través de el fruto del espíritu

9. la paciencia para conseguiresposa

Miremos el ejemplo bíblico, génesis 29,20 dice ,así sirvió jacob a por raquel siete años y le parecieron como pocos días por que la amaba

Otro de los problemas ,más grandes en la vida de los, solteros es la desesperación pero aquí tenemos otro ejemplo bíblico de jacob cuando él sirvió a, labán siete años por raquel pero le pareció, poco por que la amaba , cuando hay , amor ay paciencia y respeto jovencita tú que esta leyendo este libro pide a Dios la paciencia para que el hombre que tu conozcas te de el ser de llevarte al altar, no te impacientes por casarte a la ligera ya que despues sufriras la malas consecuencias, o los golpes de una mala decisión llegaran, yo como pastor y ministro de Dios eh visto muchos de estos casos pero gracias le doy a Dios que me da el privilegio de poder aconsejarte por medio de este libro mi consejo para ti hombre y mujeres joven soltero pide la paciencia a Dios y el te dará una buena esposa o esposo ya que la paciencia es bien importantes, en nuestra vida ya que solo por medio de ella nos libraremos de tomar malas decisiones ,ora a Dios pon tu noviazgo en las manos de el , y vas a ver como vas triunfar en la vida,, tal vez tú me dirás pero pastor, usted no me entiende , querido amigo yo se de que cuando nos enamoramos hacemos locuras pero enmedio de esas locuras necesitamos,a Dios y la paciencia para,poder llegar puros al matrimonio, se paciente pon a Dios en tu relación y pide el fruto de la paciencia,

10. la paciencia para cumplir el propósito,

Génesis ,41,1 aconteció que pasados ,dos años tuvo faraón,un sueño

Tu sabes de que para ,cumplir nuestro, propósito en la vida también se requiere de paciencia, ,la biblia dice que josé estuvo varios años preso hasta que faraón no,tenía quien le interpretara los sueños lo sacaron de la cárcel que te doy, a entender con esto ,lo que te quiero decir es que , la paciencia también es importante en ,la vida del creyente,para poder cumplir su propósito, en la vida la mayoría de cristianos no tenemos paciencia para esperar el tiempo perfecto de Dios, he incluso hay personas de que hoy le profetizan algo acerca de su llamado o propósito y a causa de la impaciencia ya mañana ellos solos se posturan como pastores o cantantes sin esperar el tiempo de Dios ,pero sabes, porque? Sucede esto por que no hay paciencia ,querido hermano yo te invito a que esperes el tiempo perfecto de Dios se paciente pide dirección a

Dios y veras que no serás avergonzado ya ,como te decía, antes de que la paciencia es bien importante ,en nosotros para poder ,cumplir nuestro propósito en Dios yo se que Dios tiene cosas grandes para tu vida el quiere hacer algo de ti pero no te pongas loco pide a Dios paciencia busca su dirección y verás como todo te va ir bien, incluso sabes por que algunos fracasan por que no esperaron el tiempo perfecto, con tu paciencia incluso podras asta aprender madures durante el camino para que puedas ser un cristiano solido fundado en la roca,y no en la arena

CAPÍTULO 5

LA BENIGNIDAD

La palabra benignidad significa ser útil, servicial amable gentil en el trato con otros,ser benigno es ser bueno amable, una persona benigna tiene buen corazón esta clase de personas perdonan fácilmente, no dejan que las ofensas ni las amarguras se apoderen de ellas pero la mayoría de personas con esta actitud, solo lo han podido lograr con el fruto del espíritu por eso querido hermano yo te animo a seguir leyendo este libro, a través de este capítulo aprenderemos cómo ser personas benignas a través del fruto del espíritu, cuando una persona no es benigna es una persona áspera ruda de mal genio fácilmente se enoja, acompáñame a este viaje, en este capítulo a descubrir que es la benignidad, y que no es ser benigno, yo se que vas a aprender mucho, pero no solo aprender sino que tu vida va a ser, transformada por medio de este capitulo asi que gozate y muchas bendiciones de parte de nuestro señor jesucristo para tu vida,

Miremos los ejemplos bíblicos acerca de la benignidad

1. el ejemplo de jesús a sus discípulos a serbenignos

Miremos el ejemplo bíblico, marcos 10,42-45   mas jesús llamándolos,les dijo sabéis que los que son tenidos por gobernantes , de las naciones se enseñorean, y sus grandes ejercen sobre ella potestad, pero no será así entre vosotros, sino el que quiera hacerse grande entre vosotros será vuestro servidor , y el que de vosotros quiera ser el primero será siervo de todos, por que el hijo del hombre no vino para ser servido sino para servir y para dar su vida en rescate por muchos,

En este capítulo aprenderemos lo que es ser, benigno, aquí claramente podemos ver como el maestro está indicando a sus discípulo a practicar la benignidad, cuando una persona no es benigna, se enorgullece y toma beneficios de sus posiciones el ejemplo que jesús nos da son que los gobernantes se enseñorean y toman potestad de ella en otras palabras la manipulan y la subyugan, porque, una persona sin benignidad ase eso, pero nosotro como hijos de Dios debemos ser amables servicial , por que es allí donde se define o se da a conocer la persona benigna, amigo si en ti hay arrogancia o dureza de corazón, y tu puedes decir pues yo no me siento ser una persona benigna, pues para eso a llegado este libro en tus manos para enseñarte y decirte que solo el fruto del espíritu,puede hacerte benigno,

2. la benignidad del cielo en la vida del creyente

Miremos otro ejemplo bíblico , santiago,3,17-18 , pero la sabiduría que es de lo alto es primeramente pura, después pacífica ,amable,benigna llena de misericordia y de buenos frutos,sin incertidumbre ni hipocresía , y el fruto de justicia se siembra en paz para aquellos que hacen la paz,

Cuando la benignidad del cielo esta en la vida,del creyente este primero que todo es honesto,la benignidad lleva al creyente a practicar una vida de honestidad tambien habeis podido ser antes una persona ruda o precipitada, pero cuando la benignidad del, cielo reposa sobre el creyente este tiene un cambio radical, la persona empieza a ser amable y misericordioso, y entonces por su fruto se califica a este individuo , y cuando la gente encuentra este tipo de gente como que se quieren rodear con el, o hacer una amistad con él sabes por qué? Por que en la persona benigna hay claridad ,humildad y verdad, asi es la característica de la persona con este fruto, pero la persona que no es benigna primero que todo es un hipócrita es alguien que está lleno, de mentira es alguien que imita ser alguien que no es, con tal de hacer sentir bien a los demás, pero al pasar el tiempo se refleja su verdadero fruto de engaño , amigo para imitar a alguien mas es facil pero te privas de ser verdaderamente quien eres,, pero es mas facil ser tu mismo con el fruto del espíritu que teniendo tu el fruto de la benignidad serás el mismo donde quiera que ballas sin necesidad de ocultar nada ,

3. la benignidad de Dios hace grande al sencillo

Miremos el ejemplo bíblico, 2,samuel, 22, 36, me diste asimismo el escudo de tu salvación,y tu benignidad me ha engrandecido,

En este caso podemos ver que saúl el enemigo de david ,era un hombre arrogante y malo y que deseaba por medio de maldades destruir a david,, saúl por medio de la maldad queria engrandecerse pero lo unico que causo , fue que lo llevara a su ruina, ahor vemos a david un hombre temeroso de Dios aunque david tuvo, en muchas ocasiones la oportunidad de vengarse de su enemigo , el no lo hizo sabes por qué ,, por que david era un hombre benigno y sabía que el único que lo iba a engrandecer era Dios , y mira como termino saul suicidándose el mismo, la dignidad de Dios hace grande al sencillo, querido lector no importa lo que te hayan hecho quizás se hayan querido aprovechar de tu humildad o tú censies, pero dejame decirte que no es la violencia ni las enemistades, que te llevan a ser alguien en la vida, sino la mano de Dios y su benignidad,,, déjame contarte , un poco de mi testimonio cuando Dios me llamó al pastorado muchos se levantaron en mi contra,, diciendo cayetano no debería ser el pastor el no es lo suficiente inteligente para guiar una obra, pero hoy yo puedo decir como el rey david dijo esas palabras es tu benignidad la que me ha engrandecido, Dios ha sido grande conmigo, y he visto sus maravillas , recuerda tu no dependes de la opiniones de la gente ni tampoco tu eres lo que la gente dice que eres, ,tu eres lo que Dios diseñó y él va a cumplir su propósito en ti , solo sé humilde recuerda , esta frase Dios enaltece al humilde y aborrece al altivo, , señor yo bendigo en el nombre de jesús a mis hermanos y hermana en cristo que están leyendo este libro, yo creo con ellos que tu señor les darás la victoria sobre todas circunstancia que ellos estén atravesando y que es tu benignidad que los engrandece amen,,

4. el rebelde reprocha la benignidad deDios

Miremos el otro ejemplo bíblico, romanos,2,4 , o menosprecias las riquezas de su benignidad,paciencia y longanimidad,ignorando que su benignidad te guía al arrepentimiento,

La persona que es rebelde puede tener conocimiento, puede ser un hombre de oración, pero de nada le sirve si es una de las personas.que reprocha la benignidad de Dios sabes que es lo que atesora la persona que reprocha la benignidad, de Dios atesora juicio, para el dia de la ira de Dios , todo aquel que reprocha la benignidad de Dios nunca se deja llevar de consejo, es alguien que cree que todo lo sabe, es más la persona que reprocha la benignidad cree que el es el único a quien Dios le habla y nunca escucha a nadie más, pero la persona que escucha y es humilde deja que la benignidad de Dios lo guíe al arrepentimiento cada vez que la benignidad de Dios está en el corazón del ser humano porta una actitud buena, por eso querido lector yo te ánimo a través de este libro a que no menosprecies ,las riquezas de su benignidad sino que la benignidad pueda estar en ti y si no lo tienes pidelo al espíritu santo que te de este fruto para poder ser humilde y para poder dejarnos guiar por lo bueno de Dios , sabes por que la gente destruye lo que Dios pone en sus manos, por que como te decía al principio podemos ser buenos sirviendo a Dios pero si no hay benignidad eres como un fósforo que rápido se enciende,y despues se hecha todo a perder, si has estado en rebeldía con Dios con tu pastor o con tus líderes y crees que has reprochado consejos y exhortaciones de tus líderes, el propósito de que tengas este libro en tus manos no es casualidad sino para que refleccione y empieces a ser una persona benigna en el nombre de jesús,

5. como define la biblia a la persona,sinbenignidad,

Miremos el ejemplo bíblico,,hechos,9,,2 y le pidió cartas para las sinagogas de damasco , a fin de que si hallase algunos hombres o mujeres de este camino, los trajese presos a jerusalén,

La biblia define a la persona sin benignidad, como una persona ruda áspera es alguien de mal carácter, en este caso la biblia está hablando de pablo quien en ese tiempo era saulo este hombre era malo peresguia a los cristianos para matarlos él no tenía piedad, él defiendia su religión, hasta el punto de matar, porque él era un hombre sin amor sin benignidad cuando las personas poseen esta actitud son personas,, que viven todo el tiempo con problemas son gente que nunca se llevan bien con nadie en todo tiempo piensan en maldad lo unico que ellos desean es hacer el mal, la otra persona de la biblia que también no era benigna era jezabel esa mujer era tan mala que lo único que ella maquinaba era el mal a su prójimo, cuanta gente no hay asi pero sabes que lo más triste, es que son gente que conocen la biblia son gente cristiana pero son cristianos sin benignidad,ahora imaginate una persona conociendo,la verdad del evangelio pero , porta esta actitud yo te garantizo que para el cielo no va o si sonara la trompeta, no la escuchara por la dureza de corazón que hay en ellos si Dios te está hablando hoy a través de este libro no es para juzgarte sino, para que tu, reflexiones que las personas benigna siempre van a tener personas a su lado pero cuando la persona es mala nadie quiere estar con ella , bíblicamente vimos, el carácter de saulo antes de que cristo lo transformara , pero talvez tu me podrás decir pero, pastor yo conozco gente cristiana nacida de nuevo gente que predica gente que canta ,, y aún son malas mi respuesta para ti es que necesitan el fruto,

6.   una persona benigna perdona facilmente

Miremos el texto bíblico,mateo,5,44 pero yo os digo amad a vuestros enemigos,bendecid a los que os maldicen, haced bien a los que os aborrecen ,y orad por los que os ultrajan y os persiguen;

La persona que es benigna tiene la habilidad de perdonar fácilmente, sabes que los fariseos ellos conocían las leyes de moisés, sabían mucho de la torah pero en ellos no había benignidad, ellos eran gente rencorosa, ellos pagan mal por mal, pero vino un hombre con mucha benignidad y los confronto y este hombre del cual yo te hablo se llama jesús de nazaret ,por eso Dios nos pide que tengamos benignidad en nosotros, por que solo de este modo podemos reflejar a jesús recuerda que la benignidad es un fruto del espíritu el cual nos ayudar,a reflejar a Dios y también nos ayudará para vencer las trampas y reconocer que debemos perdonar y amar a nuestro prójimo, cuando tu eres benigno vas a orar por aquellos te hacen el mal para que Dios cambie sus corazones , cuando en ti está el fruto de la benignidad,vas a hacer el bien a aquellos que te aborrecen, pero talvez tu me podrás decir pero pastor usted, no sabe lo que me han hecho,, solo recuerda que no le hicieron al hijo de Dios por eso nosotros no tenemos excusa para perdonar, tu talvez podras decir pero el era Dios ,, recuerda el fue un hombre de carne como tu y como yo,,pero lo que a jesús ayudó fue la benignidad para poder amar y perdonar,

7.   cómo obtener labenignidad,

Miremos el texto bíblico, mateo,7,7 pedid y se os dará , buscad y hallaréis; llamad y se os abrirá

Como te decía que la benignidad es uno de los 9 fruto del espíritu, y para obtenerlo debemos pedirlo la palabra de Dios dice pedid se os dará, cuando uno tiene el deseo de tener algo uno lo pide o lo busca , en este caso el fruto está allí lo único que nosotros debemos hacer para obtenerlo es pedírselo a Dios en oración y el te lo dará, recuerda que para ser buenos cristianos, el fruto del espíritu debe estar en nosotros, si tu as sido un cristiano desesperado, o Has estado luchando, en tus propias fuerzas, recuerda que luchar con nuestras propias fuerzas es imposible de esta manera, querido hermano,o hermana yo te invito que a partir de hoy empieces a clamar a Dios en oración suplicándole que te dé el fruto del espíritu para que puedan haber cambios en tu vida, yo como pastor te puedo contar que lo único que ha traído cambios a mi vida a sido nuestro señor jesucristo y el fruto de su santo espíritu, querido lector no piense que ya no hay solución recuerda que este libro no ha llegado a tus manos por casualidad sino, yo creo que Dios me a dado el privilegio que yo te pueda orientar, y animar a pedir el fruto del espíritu, por medio de este libro,, repite conmigo esta oración en voz alta , padre celestial yo reconozco que he estado luchando a traer cambios a mi vida en mis propias fuerzas pero hoy te pido que me perdones y que me des el fruto de la benignidad para, poder ser una persona diferente en el nombre de jesús amén,

CAPÍTULO 6

LA BONDAD

La bondad es otro fruto del espiritu, que ayuda, al creyente a hacer el bien, que significa la palabra bondad,significa,ser dadivoso, ser una persona dulce, una persona ayudadora es alguien que se goza en hacer el,bien, a la mayoría de cristianos nos hace falta este fruto, saber que cuando, , alguien no tiene este fruto se goza de la injusticia, es alguien que sabiendo hacer el bien no lo hace , pero la biblia dice, al respecto de de esto,no os canséis de hacer el bien por que a su tiempo,segaremos, a través de este capítulo aprenderemos .qué es ser bondadoso, y también lo que no es ser bondadoso, tal vez tu te as preguntado por que hay personas,que fluyen bien en el altar pero fuera de la iglesia los ves como,personas malas sabes, por que , porque en ellos no hay bondad, pero acompáñame en este capítulo para que tu puedas aprender y también para que tu puedas ser una persona,bondadosa,,

Miremos los ejemplos acerca, de la bondad,

1. de donde se nos refleja, la bondad.

Miremos el texto,bíblico,, salmos,27,13 hubiera yo desmayado, si no creyese que veré la bondad de jehová en la tierra de los vivientes,

La primer bondad se nos refleja de Dios, la bondad es parte de su naturaleza , nuestro Dios es un Dios bondadoso por eso el salmista david decía, hubiera yo desmayado si no creyese que veré la bondad de jehová, tal vez aunque muchos de nosotros no reconozca esto pero es una realidad , a la vista nosotros podemos ver que la tierra está llena de violencia y maldad pero enmedio de todo eso enmedio de tanta injusticia y maldad, todavía miramos la bondad de Dios , tal vez tu te as preguntado porque, tal persona es tan mala y nunca le acontece nada malo, si en su corazon lo unico, que tiene es maldad, sabes por qué?. Por que la bondad de Dios está sobre la tierra, el es bueno con los justos y con los injusto, pero entonces tu me podras decir pastor, no importa si, ago lo bueno,o lo malo siempre me va ir bien,,mi respuesta es que la bondad es como una oportunidad que Dios nos da para que nosotros nos arrepintamos del mal, pero si al pasar el tiempo seguimos practicando la maldad entonces vendrá el castigo para el malvado , este primer capítulo aprendemos que si no fuera por la bondad de Dios es en la tierra saber donde estuviéramos, hoy ,,

2.   cómo se característica, un cristiano,bondadoso,

Miremos el texto bíblico,,lucas,10, 33 , pero un samaritano, que iba de camino,vino cerca de él,y viéndole, fue movido a misericordia

La característica de un cristiano bondadoso, es aquel que cuando, ve a su prójimo en adversidades o pruebas este le ayuda, podemos ver el ejemplo que jesús nos dejó del buen samaritano, esto es lo que se ha perdido el la iglesia de jesucristo en estos últimos tiempos ,el ser bondadosos, sabes que los cristianos de este tiempo,cada quien anda buscando su propio beneficio, nos hemos dejado de desinteresar en el necesitado ,esto ocurre por que el fruto de la bondad no está en el cristiano, a la vista de tus ojos tu puedes ver que los cristianos de este tiempo lo único que andan buscando es fama y reputación, hoy si se canta ya no ves a un cristiano cantando para Dios sino para las cámaras y la televisión con el único propósito de exaltar el ego de la misma manera ya no se predica para ganar almas, sino para ganar reputación, hoy en este tiempo cada uno anda buscando su propio beneficio, olvidándonos de los huérfanos y la viudas, pero como te digo que esto acontece por la falta de el fruto de la bondad, querido lector, yo no estoy diciendo que llegar a tus metas y cumplir tus sueños es pecado, no eso no es lo que estoy diciendo, sino lo que la biblia nos enseña que enmedio de tus triunfos y tus logros no dejes que la bondad se, aparte de tu corazón, recuerda que la característica de un buen cristiano es ser bondadoso,, así que sigue soñando y sigue proyectado cosas buenas para el reino de Dios,

3. ser bondadoso es un mandamiento de Dios,

Miremos el texto bíblico, gálatas 6,10 así que,según tengamos oportunidad ,hagamos el bien a todos y mayormente a los de la familia de la fe

El ser bondadoso es un mandamiento, de Dios , la mayoría de nosotros rápido nos debilitamos cuando le hacemos bien a alguien, y nos paga en mal, lo único que nuestro corazon quiere es ser mal con todos,pero la biblia nos dice lo contrario, que no nos cansemos de hacer el bien para poder hacer el bien necesitamos el fruto de la bondad en nuestro corazón,,querido hermano,o hermana, debemos ser bondadosos en todo tiempo ya que este es un mandamiento ,de Dios,, la biblia dice que cuando tu le haces el bien a,alguien que te a hecho el mal , ascuas de fuego estas amontonado sobre su cabeza, , y pastor que quiere decir ascuas de fuego,? Cuando la biblia dice que ascuas de fuego.,amontonas sobre su cabeza quiere decir de que tu estas dejando lugar para que Dios te aga justicia de tu adversario,o en otras palabras estas acelerando la mano de Dios para que juicio benga sobre los adversarios,,pero la intención de ser bondadosos no es esta vamos a ser bondadosos por que Dios nos lo exige por medio de su palabra, así que querido lector recuerda que ser bondadoso no es una opción sino un mandamiento de Dios,,, recuerda que con cada práctica de el fruto venimos a reflejar el carácter de cristo,, y no solo el parecernos a cristo, sino que nos da fundamento para,poder permanecer de pie en el santo evangelio, mira ser usado por lo dones y los talentos de Dios eso es buenisimo,, pero recuerda que el fundamento de todo esto es el ser un buen cristiano el tener un buen carácter

4. los beneficios de ser bondadoso,

Miremos el texto bíblico,salmos,31,19, cuán grande es tu bondad,que has guardado,para los que te temen,que has mostrado a los que esperan en ti delante de los hijos de los hombres,,,

Aquí podemos ver al salmista, david, hacer una declaración de que ha valido la pena ser bondadoso y esperar en el Dios de la bondad que es jehová de los ejércitos,la mayoría de las veces nosotros creemos de que todo lo que hacemos aquí en la tierra se queda en el olvido y que no, hay nadie que tome en cuenta tus acciones,,eso el lo que el diablo te ase creer,pero recuerda que la biblia dice, que si un vaso de agua,tu le regalas, uno de esos pequeñitos recompensas tendrás, querido, hermano el ser bondadoso tiene su recompensa, yo como pastor te puedo testificar, de lo bueno que a sido Dios conmigo, a causa de tratar de ser bondadoso,, tal vez no he sido el mejor, pero con lo poco que he sido bondadoso Dios me a premiado el objetivo principal es de que tu entiendas, de que hay alguien, anotando todo lo bueno que tu haces,, tal vez los seres humanos te miran como alguien insignificante, que lo que tu haces no se toma en cuenta pero déjame decirte de que hay alguien en los cielos que no se olvida de ti, y ese alguien es jesús de nazaret el a visto tu servicio y tu entrega que has tenido para él el a visto, tu fidelidad ,y tu paciencia,, así que yo te animo a seguir siendo bondadoso por que cuando menos lo pienses recibirás tu recompensa de lo alto

5.   el carácter de una persona sin bondad,

Miremos el texto bíblico, 1 samuel,25,3, y aquel varón se llamaba nabal,y su mujer,abigail,era aquella mujer de buen entendimiento y de hermosa apariencia,pero el hombre era de duro y de malas obras; y era del linaje de caleb,,

El carácter de una persona sin bondad, se refleja cuando la persona es áspera o dura de corazón, es este caso podemos ver a nabal como un hombre malo, cuando en alguien no hay bondad esta persona se enorgullece , se olvida de donde Dios lo saco, y empieza a creer que sus logros lo a tenido por que es inteligente en este caso nabal se olvido de los favores que recibió de david, tal vez tu has visto personas cristianas que oran ayunan, aún grandes, ministros que Dios a levantado pero tu los ves sin bondad, la persona que no tiene bondad , es dura, creída, hasta llega a tal punto de pensar que no necesita a nadie que él lo puede todo, cuánta gente tu, no ves sin bondad la , guerra a incrementado entre el mismo pueblo de Dios pastores con postores no se hablan,, se predica bonitos mensajes de la venida de cristo, se alerta al pueblo a la preparación, pero sabes cual es lo triste de esto que la mayoría de ministros a veces servimos solo de puentes para que otros se salven, el orgullo, y la maldad a incrementado en el pueblo de Dios pero todo esto sucede a causa de que no hay bondad en el creyente, , este libro no ha llegado a tus manos por casualidad sino que Dios lo permitido no para juzgarte sino para que medites en tus caminos, será que eres un cristiano,de buen corazón que el dolor de tu prójimo es tu dolor o sera que eres como nabal que cuando miras a tu prójimo en necesidad tu ni lo conoces ,

6. la recompensa del que rechaza,labondad,

Miremos el texto bíblico, romanos,11 22, pero la bondad para contigo,si permaneces en esa bondad,pues de otra manera tú también serás cortado,

Toda persona tendrá su recompensa, si rechaza la bondad de Dios cuando alguien recibe la bondad de Dios este se aparta del mal para hacer el bien, pero cuando la persona rechaza la bondad permanece en su maldad y su recompensa será , la ira de Dios ,hoy en este tiempo todo creyente agarra una excusa para no apartarse del mal, pero Dios sigue tratando con la humanidad para que nadie se pierda , pero por mas que Dios extienda su bondad sobre nosotros , aun así el humano sigue rechazando lo bueno para perseverar, en el mal,, si tu as estado rechazando la bondad de Dios hoy nuevamente Dios quiere tratar contigo por medio de este libro, y el quiere hacerte reflexionar Dios es un Dios bueno pero la mayoría de veces aunque el quiera ser bueno con nosotros, nuestras actitudes lo detienen, después vienen la corrección de parte de Dios para el humano, y luego culpamos a Dios de que el es alguien malo, pero la mayoría de veces cuando somos corregidos por Dios es cuando rechazamos lo bueno y permanecemos en el mal

7. la bondad,un fruto que da fundamento, al creyente,

Miremos el texto bíblico, proverbios,17,17 en todo tiempo ama al amigo,y es como buen hermano en tiempos de angustia,

Por que tu crees que la bondad da fundamento,al creyente, mira como te decía anteriormente que puede uno cantar bonito,predicar bonito profetizar a lo maximo, eh incluso tener todos los titulos que tu te puedas, imaginar, pero si en nosotros hay arrogancia orgullo o mal carácter la gente se va a alejar de nosotros pero, si tu como creyente eres ,bondadoso eres una persona dulce servicial si eres alguien que se mueve a misericordia , entonces mira puedes ayunar todo lo que quieras pero de qué,sirve edificar con sacrificios si en un momento lo vas a destruir todo,con tu mal caracter, pero si tu eres amable y en ti hay bondad y tienes el fruto de la bondad vas a tener la habilidad para poder manejar el mal carácter, y cuando los tiempos de dificultades vengas vas a poder mantener,en pie lo que has edificado,, incluso no se si tu has notado que la gente que vive amargado todo el tiempo ni amigos ni amistad tiene, por su mala conducta pero,que bueno es poder tener amigos,y hermanos en cristo por que yo, estoy seguro de que en algún momento tu has necesitado, la comprensión de un hermano en cristo o un amigo,, mi consejo para ti es que solo con el fruto del espíritu podemos mantenernos de pie hasta el final , asi que te animo a que pidas a Dios en oración que te dé el fruto de su santo espíritu, y vas ver los cambios radicales en tu vida, amen

CAPÍTULO 7

FIDELIDAD

La fidelidad, en este ,otro fruto del espíritu,nos relata,algo sobre fe, el apóstol pablo guiado por el espíritu,le habla a los gálatas a fundamentar su carácter por medio del fruto del espiritu, aqui vemos en pasaje del fruto que nos habla de fe, pero en si lo que en realidad está diciendo,se está refiriendo a la fidelidad,, es algo real que para que en nosotros haya fidelidad primero tiene que nacer en nosotros por medio,del espíritu,,que significa fidelidad?, la palabra fidelidad significa,,ser confiable leal,y fiel , esto es lo que se a perdido,en el creyente hoy en dia,la fidelidad,hacia Dios la fidelidad, entre,el mismo pueblo de Dios ,en estos tiempos es muy difícil encontrar personas fieles,a Dios y a causa de esto se ha inculcado mucha hipocresía, en la iglesia de jesucristo,,por este motivo Dios inspirado mi corazón, escribir este libro para que por medio,del fruto,del espíritu podamos ser personas fieles confiables personas de fe de tal manera que cuando la gente te vea pueda ver en ti el fruto,del espíritu, ya que la biblia dice que por sus frutos se da a conocer un hijo de Dios,,

Miremos algunos puntos que nos ayudarán

1. entendiendo, al Dios de la fidelidad,

Miremos al texto,bíblico,salmos,36,5, jehová hasta los cielos llega tu misericordia, y tu fidelidad,alcanza,hasta las nubes;

A Través de este, capítulo aprenderemos, a entender al Dios de la fidelidad, el salmista david expresa la grandeza de Dios y su fidelidad la biblia dice que aunque nosotros seamos infieles Dios permanece fiel él no puede, negarse así mismo, es tan hermoso poder entender de que aun que,nosotros somos tan pequeños delante de Dios, y de que el no tiene necesidad de nosotros él permanece fiel con cada uno de nosotros, no porque él tenga obligación de hacerlo sino que la fidelidad de él es uno de sus atributos,, él es un Dios real uno verdadero el es alguien que no miente, por eso a través de este capítulo, yo quiero que entiendas de que no ,se que es lo que el te a prometido,él va a mostrar su fidelidad en ti,la mayoría de las veces nosotros vemos a un Dios ocupado, que se a olvidado de nosotros pero recuerda que la fidelidad es uno de sus, atributos, Dios es alguien transparente el es alguien verdadero,

2. la fidelidad de Dios a su palabra,

Miremos el texto,bíblico,números 23,19,, Dios no es hombre,para que mienta ni hijo de hombre para que se arrepienta,,

El fruto del espiritu se manifiesta, en fidelidad por que provien del mismo,Dios aqui en este capitulo aprenderemos, la fidelidad,de Dios hacia su palabra, todas las promesas que el a establecido para sus hijos el las cumplira, pues el no puede violar su palabra por que el es un Dios fiel, querido, hermano no se que es lo que el te a prometido, pero dejame decirte que el te lo va a dar, nuestros hermanos del pasado, en la epoca de mioses,y abraham, y muchos mas ellos, no tenian la dicha de poder tener en sus manos, una biblia como la que tu y yo tenemos,pero sin embargo ellos creyeron en la fidelidad a lo que el les decia, mas ahora nosotros tenemos escrito esa palabra, a la cual solo debemos de creer,el fruto del espiritu es fe y de la fe nace la fidelidad nosotros tambien debemos de creer en la fidelidad que Dios le tiene a, su palabra, recuerda, que lo unico, que limita,a Dios es su palabra pues el esta sujeto a su palabra,por que tu crees,que a Dios le duele,cuando alguien que a trabajado,tanto en su obra y, parte de esta tierra en desobediencia y se va al infierno, por que su palabra lo limita a que el no pueda hacer nada por el desobediente, no puede violar sus mandamientos, por que el es tan fiel a lo que el a, establecido, asi que recuerda querido hermano,, o hermana Dios es fiel a su palabra,

3. de la fe nace la fidelidad

Miremos el texto bíblico,hebreos 11,27 por la fe dejó,a egipto,no temiendo la ira del rey porque se sostuvo como viendo al invisible

De la fe nace la fidelidad, aquí nos narra la historia,de moisés como este patriarca era un héroe de la fe y su fe lo llevó a ser fiel al Dios de los hebreos, cada vez que en nosotros,hay fe vamos a ser fieles no importa lo que diga el mundo,nuestra fidelidad hacia Dios nos va llevar a depender mas de Dios que lo que nuestros ojos ven, cuantos creyentes no estan atemorizados, por lo que sus ojos ven y sus oídos oyen sabes, porque, por que no hay fe en estos últimos tiempos necesitamos con más razón el fruto del espíritu para tener esa fe en Dios, pues de otra manera fracasaremos,el propósito de este libro es poderte, motivar a desarrollar el fruto del espíritu,para poderte sostener en los tiempos que estamos viviendo, amado lector cuando nosotros llegamos al punto de desarrollar el fruto, vamos a poder sostenernos en tiempos dificiles y asi poder reflejar esa fidelidad que tenemos hacia Dios como lo hizo moisés sera que tu te atreverias a desafiar a la gente a creer en Dios sin importar lo que digan los gobiernos,o los ateos como lo hizo moisés querido hermano o hermana recuerda que de la fe nace la fidelidad Dios está buscando soldados fieles que no le tengan miedo, al diablo ni a sus demonios sera que tu eres uno de ellos, padre este momento,yo oro en el nombre de jesús, para pedirte que tú bendigas a cada lector y que tu señor los ayudes a poder desarrollar el fruto,del espíritu para poder reflejar a nuestro señor jesucristo, en todas las áreas de nuestra vida amén ,,

4. cómo se caracteriza una persona sin fidelidad en el pueblo deDios

Miremos el texto bíblico,2,samuel,15,10 , entonces envió absalón mensajeros por todas las tribus de israel diciendo,cuando oigas el sonido de la trompeta diréis absalón reina en hebrón,

Una persona sin fidelidad, no es una persona confiable, en cualquier área de la vida, en este caso podemos ver como el rey david le confió a su hijo absalón pero en absalón lo que había era un espíritu de división ,lo mismo ocurre hoy en dia, cuantas personas no andan así en el pueblo de Dios, en estos últimos tiempos esto es lo que se está moviendo en todo el pueblo de Dios,hay personas que tienen, buenas habilidades y posturas de ser líderes,pero, lo que no ,hay en ellos es el fruto de la fidelidad ,cuando en ti hay fidelidad tú permanece,sujeto ,a Dios ,a tu iglesias.y a tus pastores ,de nada sirve ser un líder con mucha sabiduría,o puedes tener la mejor postura dentro de una iglesia,pero si en ti no hay fidelidad,tan solo se descuida,tu pastor,y tu te terminas llevando las ovejas,,o ocurre otro tipo de traición ,amado,lector recuerda que en este capítulo estamos estudiando,el carácter de una persona sin,fidelidad, como te decía al principio de que una persona sin fidelidad,no es alguien confiable,,en estos tiempos lo que se está viendo,son las traiciones,y la cantidad de enemistades,a causa de la persona sin fidelidad,,si tu, que estás leyendo este libro tal vez eres un pastor,o tal vez,,un líder,,o un hermano en la fe ,recuerda de que todo esto,acontece,por las personas que tienen el fruto,del espíritu

5. cómo se identifica el cristiano, confidelidad,

Miremos el texto,bíblico,proverbios 11,3 la integridad de los rectos los encaminará,pero destruirá a los pecadores la perversidad de ellos,

Un cristiano con fidelidad es alguien a quien se le puede confiar, la fidelidad te ase respetuoso cuando tu eres fiel se te abren puertas grandes, como se identifica el cristiano con fidelidad, por su forma de ser, cuando en ti está el fruto del espiritu, tu eres fiel en tu casa con tu familia con tus líderes y pastores, especialmente si tu le eres fiel a Dios, el se encarga de abrirte puertas,de la fidelidad nace la integridad, y cuando tú eres íntegro no tienes de que preocuparte por que caminas con libertad,tu no tienes que llevar un rótulo en tu frente, para dar a conocer quien tu eres, recuerda lo que dice la,biblia que por sus frutos se conocen,las personas, a veces no es mucho lo que se dice, lo que nosotros queremos que la gente diga de nosotros recuerda que la identificación de un cristiano son sus frutos,así que querido lector deja de calificar,a las persona por sus dones y talentos, el propósito de este libro es para que tu entiendas de que lo que nos califica,aquí en la tierra y en los cielos es el fruto del espíritu ,dejame orar contigo,repite esta oración en voz alta padre celestial en el nombre de jesús tu hijo, amado yo te ruego que me des el fruto del espíritu,ayúdame señor a ser una persona íntegra una persona fiel camina conmigo espíritu,santo yo te lo ruego en el nombre de jesús amén,

6. la recompensa de mantenerte fiel con Dios y con tu iglesia y tus pastores

Mateo,25,21 y su señor le dijo bien buen siervo y fiel ,sobre poco has sido fiel sobre mucho te pondré; entra en el gozo de tu señor

Hay una recompensa que recibiremos si dejamos,que la fidelidad habite en nosotros , en este caso podemos ver, el señor jesucristo,recompensando,el labor de alguien fiel, cuando tu le eres fiel, a Dios y a su pueblo, Dios te va a recompensar, cuando tu eres fiel en lo poco,él te va a confiar más, no solo aqui en la tierra recibes bendiciones de Dios sino tambien alla en el cielo hay una recompensa de tu trabajo, ,,no te enorgullezcas,con los dones y talentos que Dios te da, úsalos para bendecir a otros, mantente fiel en tu iglesia y con tus pastores por que de eso se agrada Dios, recuerde que estamos viviendo tiempos finales,y muchos poseídos por el mal querrán encaminarte por caminos,erróneos,para que tu empieces,a caminar en desobediencia,,si tu anhelo es caminar hasta la meta final,sigue desarrollando el fruto del espíritu en tu vida,para poder ser fiel, recuerda la biblia dice sé fiel hasta la muerte,y yo te daré la corona de la vida ,pero tal vez tu me podras decir pastor yo he escuchado todo eso en toda mi vida y a veces a entrado incredulidad,en mi vida, por este motivo necesitas,desarrollar el fruto,del espíritu,, la mayoría de cristianos ,ya no quieren practicar la fidelidad,a causa de que han sido heridos por traiciones y muchas otras cosas,pero nosotros trabajamos para el Dios del cielo y,un día él te va a decir,entra en el gozo de tu señor, en lo poco me fuistes fiel en lo mucho te pondré,

7. desarrollando,el fruto hasta que cristo venga,

Apocalipsis,22,12 he aquí yo vengo,pronto, y mi galardón conmigo,para recompensar a cada uno según sea su obra

Recuerdas,de qué mencionamos,esto en uno de los capítulos anteriores solamente el fruto del espíritu te ayudará a perseverar hasta el final,, mira lo que está diciendo,el cordero santo, he aquí yo vengo pronto, a veces sentimos que la carga cada dia se hace,más pesada y lo único,que queremos es tirar la toalla,, seamos fiel hasta la venida de cristo, no te dejes apagar tu fe por los golpes de la vida, ni pongas tu mirada, en ningún ser humano,en la tierra recuerda que nuestro modelo.y ejemplo de seguir es jesús de nazaret, yo como pastor te animo,a seguir adelante con cristo,,y le agradezco a Dios por el privilegio que me da de poder animar ,por medio de este libro, no tomes por poco lo que has estado aprendiendo en este libro,trata de ponerlo, en practica, y te aseguro que asi como mi vida,a sido cambiado así también yo estoy seguro que tu vida cambiara, recuerda de que cada uno de el fruto,del espíritu refleja la naturaleza de jesucristo, y solamente a través del fruto vamos a poder dar buen testimonio,si tu as sentido de que llevas años en el evangelio,y no has podido tener un cambio en tu vida, yo te animo a que pidas en oración,el fruto y vas a ver como tu vida será diferente en el nombre de de jesus,

CAPÍTULO 8

MANSEDUMBRE

La mansedumbre , es otro fruto del espíritu, la mansedumbre,le da la habilidad , al humano de poder controlar su carácter o forma de ser , una persona que carece de mansedumbre no se deja fácilmente instruir , las personas arrebatadas carecen de este fruto, la mansedumbre se refleja en humildad paz, y tranquilidad, insulso la biblia nos insta que recibamos con mansedumbre la palabra implantada que puede salvar nuestra alma, este capitulo aprenderemos lo que es mansedumbre y lo que no es mansedumbre,acompáñame, a disfrutar otro recorrido del octavo fruto del espíritu, mi deseo es que tu puedas ser enriquecido del conocimiento de la palabra y que también tu vida pueda ser transformado por medio de el fruto del espíritu,

Miremos los ejemplos que nos hablan de mansedumbre

1. viendo la mansedumbre activado enjesús

Mateo,11,29, llevad mi yugo sobre vosotros y aprended de mí que soy manso y humilde de corazón; y hallaréis descanso para vuestras almas;

En este primer punto de la mansedumbre, estudiaremos cómo se reflejaba en Jesús, este fruto se reflejaba en Jesús por su forma de hablar, actuar , aquí podemos ver este fruto activado en Jesús, de qué manera se refleja en él ? en su actitud por que el era una persona mansa, y también era humilde y de corazon, imaginate jesús el dueño del cielo y la tierra caminando entre nosotro con esta característica, hoy esto es lo que se a perdido en mucho pueblo de Dios es la humildad y la mansedumbre , hoy en estos tiempos lo que tu ves es arrogancia y orgullo,pero qué es lo que jesús nos dice al respecto,, como el quiere que tu te aprendas, a comportarte,,aqui esta el modelo de jesús, aprended de mí que soy manso,y humilde,, pero tal vez usted me podrás decir pero,pastor el por que era Dios por eso pudo comportarse de esa manera, mi respuesta para ti es que el era un hombre de carne y de husos con sentimientos como tu y yo pero en él estaba el fruto del espíritu,de la mansedumbre por eso el tuvo la habilidad de poderse comportar de esa manera, no importa si tu eres el hombre más enojado o la persona mas precipita , si tu le pides este fruto a Dios en oración él te lo dará y tu vida será cambiada

2. la mansedumbre para recibir lapalabra

Santiago 1,21 por lo cual,desechando toda inmundicia y abundancia de malicia,recibid con con mansedumbre la palabra implantada,la cual puede salvar vuestras almas,

Cuando las personas son arrogantes, ya no escuchan consejos,ni aun reciben la palabra de Dios, a veces el humano ha llegado a tal conocimiento de la biblia ,o simplemente es un cristiano arrogante, pero mira que en todo necesitamos el fruto del espíritu,aun para recibir la palabra de Dios, la biblia dice recibid la palabra con mansedumbre la cual puede salvar nuestra alma ,cuando el cristiano carece de este fruto,corre el riesgo de perderse, por su arrogancia ,pero el cristiano que es humilde siempre recibe la palabra , querido hermano no dejes que el engaño se apodere de ti, esta es la razón por que muchos cristianos, no cambian por que en lugar de tener un espíritu amable para recibir la palabra, cuando Dios les habla lo que hacen se ponen a discutir,, pero cuando,hay mansedumbre el cristiano escucha obedece,y práctica,ya que solo de esa manera Dios puede cambiar nuestra vida,,querido lector,si en ti ha habido dificultad para recibir la palabra de Dios,y sientes que en ti hay arrogancia,hoy te quiero liberar,repite conmigo en voz,alta señor jesús hoy te pido que me perdones por haber sido altivo y arrogante,hoy en el nombre de jesús yo renuncio a todo espíritu de orgullo y arrogancia les ordenó que se vayan de mi vida y mi cuerpo en el nombre de jesús,soy libre ahora, señor lléname con tu espíritu santo, y dame el fruto de la mansedumbre en el nombre de jesús amén

3. donde hay mansedumbre hayarmonía,

Efesios 4,,2 con toda humildad y mansedumbre,soportándoos con paciencia los unos a los otros en amor

La mansedumbre hace que se produzca la armonía , cuando las personas son humildes las amistades permanecen por largos años y siempre va a ver una buena armonía, especialmente en nosotros los cristianos debemos de tener esa mansedumbre para soportar al prójimo, con paciencia y amor,, es rara la vez que tu veas a una persona amargada teniendo amistades y mucho menos involucrarse en algo para estar en armonía, no se si tu te as fijado que siempre hay cristianos que andan como el llanero solitario siempre están aislados nunca se quieren involucrar en nada, ni compartir con nadie cuando veas personas asi es por que en ellos no está el fruto del espíritu, entonces cómo vamos a convencer, al mundo de que en el evangelio,hay paz y gozo ,si nosotros reflejamos lo contrario,no se si tu has escuchado esta frase acerca del evangelio ,el evangelio es para viejos yo estoy muy joven voy a disfrutar mi juventud primero, y después ya cuando sea viejo me entrego al evangelio pero sabes por que se escuchan estas, expresiones acerca del evangelio,, por que la humildad y la mansedumbre se han perdido, Dios nos a llamado para estar en armonía para que reflejemos el amor de cristo que por medios del fruto del espíritu la gente vea que somos personas alegres sin necesidad de meter licor o drogas en nuestros cuerpos para estar alegres, así que si tu eras uno de esos cristianos aislados sin armonía empieza a producir la mansedumbre para que en ti se refleje la felicidad del evangelio,

4. el buen cristiano,no se conoce por susabiduria sino por su conducta,

Santiago ,3,,13, quién es sabio y entendido entre vosotros? Muestre por la buena conducta sus obras en sabia mansedumbre,

En este capítulo aprenderemos, el error más grande que sega a la mayoría de veces., en muchas ocasiones se a visto de que ,hay una multitud de hombres de Dios que han llegado a alcanzar tanta sabiduría son grandes elocuentes,, todo eso es bueno, pero la biblia lo reprocha de esta,manera de que también lo debemos de mostrarlo en nuestra,conducta ,con humildad,como te decía de que es bueno tener sabiduría pero también debemos ser mansos y humildes, la palabra de Dios nos exhorta a que también debemos ser sabios como nos conducimos,o nos comportamos,para que el testimonio,de cristo no sea pisoteado,, entonces mira como dice el titulo de que el buen cristiano,no se conoce por su sabiduría sino por su conducta ,, tal vez tú estarás diciendo,pastor se nota como si usted nos está retando a un cambio , mi respuesta es no yo no estoy retando,a nadie ni estoy juzgando, a nadie,yo simplemente quiero de que entiendas,que lo único que nos da fundamento,y buena estructura para los tiempos difíciles y aun para heredar la salvación es el fruto del espíritu,,mira por ejemplo puedes ser un excelente compositor de música,pero qué sucedería si se presentara un conflicto durante ese periodo de tiempo vas necesitar,la mansedumbre para poder resolver,pues de otra manera lo echarías todo a perder,

5. de la mansedumbre nace de lahumildad

Números ,12,,3 y aquel varón moisés era muy manso más que todos los hombres que había sobre la tierra

Aquí podemos ver este,ejemplo de este hombre que a pesar de que él estaba lidiando,con mucha gente cuando abandonaron a egipto ,era para que este individuo estuviera estresado pero como, la mansedumbre reposaba en él por eso la biblia lo caracteriza como el hombre más manso de la tierra,, no importa como te encuentres en este momento tal vez tu eres, un hombre iracundo,o una mujer iracunda ,este libro no ha llegado a tus manos por casualidad, ni por coincidencia sino por que el Dios del cielo asi le a placido, yo quiero motivarte a través de este medio que nuestro Dios tiene poder para cambiarte mira recuerda de que moisés era un hombre enojado de que todo,lo resolvía con golpes,e incluso hasta llegó a ser un asesino cuando mató al egipcio,y lo escondió pero mira como la biblia da testimonio de él ese mismo Dios que cambio a moisés te puede cambiar a ti, pero recuerda que lo único que necesitamos,es la mansedumbre para poder ser humilde, como dice el titulo que de la mansedumbre nace la humildad , yo te puedo puedo testificar de los cambios que Dios ha traído, a mi vida es porque siempre en mis oraciones siempre le he, pedido al espíritu santo que me dé sus frutos para poder reflejar a nuestro Dios con nuestro,carácter,

6. reflejando la mansedumbre en momentos deconflictos

1 pedro,3,15,estad siempre,preparados para presentar ,defensa con mansedumbre y reverencia ante todo el que os demande razón de la esperanza que hay en vosotros

La palabra de Dios es tan hermosa que nos prepara para los tiempos,de dificultad en este caso el apóstol pedro nos insta a estar preparados en todo, tiempo para presentar, defensa con mansedumbre ante todo lo, que se os demande,uno nunca sabe ,cuando llegarán los momentos de conflictos, pero como nos manda la biblia ,a que respondamos a todo lo que se levante, con mansedumbre por eso este fruto,debe de estar en todo cristiano hay momentos donde personas se van,a acercar a ti solo para contender,o tu nunca sabes talvez algun dia te encuentras, con un testigo de jehová y te empieza a evangelizar tu tienes que estar,preparado para presentar defensa con mansedumbre para defender la palabra de Dios o cualquier otro conflicto que se levante en tu vida, como dice el titulo reflejando mansedumbre en momentos de conflictos,, mira en cierta ocasión yo e andado en el supermercado,cuando de repente se han,acercado a mi mormones,y en otras ocasiones testigos de jehová para debatir la biblia pero gracias le doy a Dios que él con su misericordia me a ayudado a tener mansedumbre para poder contestar, al final ellos se han ido enojados y yo he permanecido con la paz de cristo,,

7. la mansedumbre para restaurar ,

Gálatas,6,1 hermanos si alguno fuere sorprendido en alguna falta,vosotros que sois espirituales, restauradle con espíritu de mansedumbre,considerando a ti mismo no sea que tú también seas tentado,

La mansedumbre para restaurar, es la que hace falta en muchos,ministros,, hay ministros y pastores, y cristianos que cuando alguien falla se alejan de el hermano,que falló en lugar de restaurarlo pero esto ocurre por la falta de mansedumbre, la biblia nos manda a restaurar al caído con,espíritu de mansedumbre considerándolo como a nosotros mismos , querido hermano yo no estoy apoyando pecado tenemos bien claro,lo que dice la biblia que sin santidad nadie vera a Dios, pero no se nos puede olvidar que en el camino vamos a encontrar gente que aman,a Dios pero en un momento de debilidad se descuidaron y le fallaron a Dios,, entonces qué vamos a ser nosotros como, buenos ministros, del evangelio los vamos a restaurar con espíritu de mansedumbre pues haciendo esto,la biblia nos califica, como a cristianos espirituales, así que recuerda si tu eres un líder o un pastor con más razón necesitas el fruto del espíritu para reflejar el amor de Dios en las vidas que lleguen a tu congregación

CAPÍTULO 9

TEMPLANZA

La templanza es otro fruto,del espíritu,que ayuda al ser humano,a tener dominio,y control de sí mismo,tanto en el carácter como en las palabras y pasiones las personas que carecen de templanza,o dominio propio son personas de que viven una vida desenfrenada,la consecuencia de vivir sin templanza te lleva a la destrucción, en este capítulo de la templanza aprenderemos que es templanza,y que no es templanza ,como apropiarnos de este fruto, por medio de este capítulo también aprenderemos de patriarcas de la biblia como fueron llevados,a la destrucción,por no tener este fruto, mi oración para ti querido de lector es que por medio,de este libro,,y con el poder de Dios,y su palabra,tú puedas ser cambiado así que disfruta y que seas enriquecido de el conocimiento de la palabra de Dios ;que Dios te bendiga; y exito en todo lo que emprendas,

Miremos los ejemplos bíblicos de templanza

1. conociendo,el hombre sindominio

Santiago,1,8 el hombre de doble ánimo,es inconstante en todos sus caminos

En este capitulo estaremos tratando,temas acerca de la templanza recuerda que templanza, también se trata de dominio,propio,en este caso una persona que no tiene dominio, propio es una persona de doble ánimo ,las personas que son de doble ánimo son personas que les cuesta tomar decisiones, cuando alguien es de doble ánimo, no solo tiene problemas en tomar decisiones,sino también afecta su comportamiento,de que hoy tiene el anhelo y deseo,de llevar algo a cabo, y al próximo tiempo tu lo miras con desánimo,en otras palabras se mantiene,como un yoyo,nunca toma una decisión firme de hacer lo que se propone,pero Dios nos habla en su palabra que él quiere que nuestro sí,sea sí, y que nuestro,no sea no, immaginate un cristiano con esta actitud nunca podrá tener la habilidad de hacer algo para Dios y mucho menos el podra,cumplir sus metas, por esa razón el primer título de este capítulo dice conociendo,al hombre sin dominio,necesitamos dominio es nuestras vidas para poder llevar a cabo,todo lo que nos propongamos hacer, yo quiero que tu entiendas la importancia que es de tener el fruto de la templanza que también abarca,con dominio, mi deseo es que tu pormedio de este libro empieces a anhelar el fruto de la templanza para poder vivir una vida recta delante de Dios y poder cumplir tus metas y tu propósitos en Dios y en tu vida personal, así, que recuerda que el hombre de doble ánimo es inconstante en todos sus caminos

2. lleno del espíritu santo pero sin dominio,

Jueces 16,4 después de esto aconteció que se enamoró de una mujer en el valle de sorec, la cual se llamaba dalila

En este capítulo,trataremos temas, acerca de por qué muchos cristianos,y ministros,que han sido llenos del espíritu santo pero an fracasado, es por que no hay dominio en ellos, podemos ver el caso de sansón un hombre usado por el espiritu de jehova, pero su falta de dominio,lo llevó al fracaso , de igual manera podemos ver al rey david un hombre que vivía enamorado de Dios se le conoce como el dulce cantor de israel, pero su falta de dominio lo llevó a pecar,con la mujer de urías , y así hoy en día se repite la misma,historia,hay un sinnúmero de hombres y mujeres empoderados,por el espíritu santo pero su falta de dominio en la carne ha sido su ruina, y su destrucción, cuantos,ministros no se han esforzado, pagando,un precio con sacrificios,delante de Dios para llegar a obtener algo, pero una falta de dominio los , ha llevado, a perderlo todo, por eso yo quiero, que tu con la ayuda de Dios tú puedas, aprender la importancia que es tener dominio,propio para poder conservar lo que Dios te a dado .lo que tú has cosechado por medio de tus sacrificios y esfuerzos en Dios , y que no los termines perdiendo y además de eso satanás te termine sacando los ojos como lo hizo con sansón y ponerte como payaso en medio de un patio para poder ser la burla de los demas , asi que recuerda querida lectora, de que no importa cuan ungida tu estes si no hay dominio propio en nuestras vidas no hay fundamento,,

3. templanza,o dominio en el temperamento,

Eclesiastés ,10,4 si el espíritu del príncipe, se exaltare contra ti no dejes tu lugar,porque la mansedumbre hará cesar grandes ofensas,

En este capítulo,aprenderemos como tener dominio en el temperamento,la mayoría de cristianos somos tardos para escuchar, y prontos para hablar , la biblia dice que si el espíritu del príncipe se exaltare contra ti no dejes tu lugar, lo que nos da a entender es de que si alguien te provoca a enojo no te iguales a él sino que trates de tener dominio,sobre tu temperamento ya que haciendo esto,harás cesar grandes ofensas, imaginate que palabras rudas no salen de nuestra boca, cuando estamos en un momento de enojo, por esta razón la biblia nos advierte ,tu sabes de que en nuestra naturaleza humana es muchas veces imposible poder controlar nuestro temperamento,en momentos de enojo, pero para este motivo,Dios ha permitido que este libros llegue a tus manos,querido,hermano,o hermana, Dios te a dado la bendición de poder tener este libro para que te sirva como una guía,para poder aprender a apropiarte del fruto de la templanza,o dominio propio, para poder tener dominio cuando esos momentos de aflicciones o de disgustos vengan a tu vida. Tu con la ayuda de Dios y el fruto del espíritu puedas reflejaracristo, pero tal vez tu me podrás decir pero pastor jesústambién en ocasiones se enojo,, es cierto querido lector la biblia en los efesios dice airaos,pero no peques ,sabes que es lo que está diciendo, que como humanos van a llegar los momentos donde nos vamos a enojar pero Dios quiere que tengamos dominio por medio del fruto del espíritu,para no hacer locuras,en un momento de enojo , así que recuerda que si el espíritu del príncipe se exaltare,contra ti no dejes tulugar

4.   teniendo dominio sobre lalengua

Salmos,34,13-14 guarda tu lengua del mal,y tus labios de hablar engaño, aparte del mal y haz el bien busca la paz,y siguela,

En ciertas ocasiones aunque tu no lo creas,necesitamos dominio en la boca ,la mayoría de veces somos tentados a hablar lo que no nos inculca,o no nos conviene,por esta razón el salmista david, nos da una exhortación a tener dominio,sobre nuestra boca , la lengua es un miembro,tan pequeño que si no tenemos dominio,de ella nos llevará a hablar engaño, tal vez tu te puedes decir pero como asi engañó ,mira un ejemplo en cierta ocasión yo siempre miraba a una parejita de jovenes que siempre andaban juntos, un jovencito,y una jovencita,y siempre pasaban por allí cerca de donde yo vivo,y yo siempre ora por ellos dos pidiendo a que Dios bendijera ese matrimonio,pero un dia tuve la bendición de poder hablar con ellos, y para mi sorpresa,no eran esposos,sino eran hermanos,de esta manera yo te pongo el ejemplo de que muchas veces vamos a usar nuestra lengua para hablar engaño, pero que bueno,es Dios que nos da la bendición de poder hablarnos por medio de este libro, a que aprendamos, a tener dominio sobre nuestra lengua, y si no estamos seguros de lo que vamos a hablar,o decir mejor quedémonos callados, porque de este modo nos ahorraremos problemas, recuerda que en nuestra naturaleza humana va ser imposible pero gracias a Dios que nos a dado el fruto del espíritu,

5.   dominio para que Dios te abrapuertas

Génesis 4,7 si bien hicieres,no serás enaltecido? , y si no hicieres el bien,el pecado está a la puerta;con todo esto,a ti será tu deseo y tú te enseñorearás de él

En este capítulo estudiaremos lo importante,que es tener dominio,personal para que se te abran puertas Dios aquí le estaba diciendo,a caín si bien hicieres no me encargare, de enaltecerte,en otras palabras,si hicieras el bien yo te exaltaré, y también le dice pero si tu quieres hacer lo que quieras el pecado está a la puerta, ves no se si ahora me entiendes,que para que Dios te abra puertas es importante tener dominio propio para obedecer,a Dios la mayoría de cristianos sabes porque muchas veces Dios no les puede abrir puertas,es porque no hay dominio,para obedecer a Dios ,amado lector hoy yo te invito a que tu puedas orar a Dios y decirle que te dé su gracia y el fruto del espiritu,para poder obedecerlo a el ,querido lector yo que la mayoria de veses nos cuesta obedecer a Dios pero recuerda como te lo repito,de que en nuestras propias fuerzas es imposible obedecer a Dios pero cuando nos humillamos y reconocemos de que sin él no podemos hacer nada es allí donde él mueve su mano a misericordia, la mayoria de veses no es cuanta biblia tu sepas ,sino es cuanto tu le obedeces a el , tu que estás leyendo este libro para mi es una bendición poder orientarte por medio de este libro , recuerda de que los consejos que yo como pastor te doy aquí es porque ,yo los he puesto por obra y he visto a Dios glorificarse en mi vida, asi solo por medio del fruto del espíritu podremos tener la habilidad de obedecer a nuestro Dios

6. recompensa de vivir sin dominio propio

Mateo,5,28-30 pero yo os digo que cualquiera que mira una mujer para codiciarla,ya adulteró con ella en su corazón, por tanto si tu ojo derecho te es ocasión de caer,sácalo y échalo de ti;pues mejor es que se pierda una de tus miembros,y no todo tu cuerpo sea echado al infierno y si tu mano derecha te es ocasión de caer córtala,y échala de ti pues mejor te es que pierdas uno de tus miembros,y no que todo tu cuerpo sea echado al infierno,

Pues aquí claramente vemos,las palabras del señor jesucristo,como una advertencia,clara que el le da al ser humano de que habrá una recompensa, para todo aquel que viva sin dominio,y no es una buena,recompensa,por eso el aquí nos advierte que si no hay dominio en cualquiera de nuestros, miembros,pereceremos, tal vez tu puedes decir pero el cuerpo es mío,y yo ago lo que quiero, el cuerpo Dios te lo presto para que tu puedas hacer contacto físico,en este mundo en que vivimos el te dio el cuerpo para que tu glorifiques,a Dios ,pero si en tu manera de pensar crees que tu puedes hacer lo que quieras,es por eso que en el lado,de arriba hemos puesto las bases bíblicas para que tu mires,de que no es mandato de hombre a tener dominio propio sino el mismo jesús establece estos mandatos, amigo talvez tu puedas decir yo hago lo que quiero, pero recuerda que vas a ser recompensado de una manera mala,cuantas personas no están en esta hora en el infierno que murieron conociendo la biblia de pasta a pasta,pero ellos decidieron vivir sin dominio,propio, y hoy se lamentan,querido hermano el propósito de este libro no es para juzgarte sino para llevarte a, una claridad de lo que jesús ya establece de que si le damos rienda suelta a nuestra carne, y no le pones dominio propio, viviremos una vida de condenación por la eternidad, así que recuerda si tu ojo está lleno de lujuria dominalo con el fruto del espíritu, y si tu mano te es ocasión de pecar dominalo con el fruto del espiritu, am

7.   la llave para vencer la carne

Gálatas,5,22-23 mas el fruto del espíritu,es amor gozo paz paciencia benignidad bondad fe mansedumbre y templanza;

La llave que todo cristiano necesita para vencer la carne,es el fruto del espíritu, recuerda que poniendo todos estos frutos en unidad reflejan el carácter de nuestro señor jesucristo, amado lector recuerda de que la carne es mala nunca se va a querer, sujetar a Dios ni a su palabra pero que bueno es Dios que él nos provee las herramientas que necesitamos para vencer este mundo, si tu habías pensado de que para tu vida ya no, hay solución, hoy yo te invito a que de hoy en adelante empieces a pedir el fruto en oración, pero talvez tu me podras decir, pero jesús en cierta ocasión tambien se enojo,como te decia anterior de que enojarse no es pecado, el pecado entra cuando, tu pierdes el control enmedio de un enojo y empiezas a hacer locuras a través del enojo, pero que bueno de que por medio del fruto del espíritu podemos, tener control en los momentos difíciles, estamos finalizando este libro espero que tu vida haya sido cambiado, o que Dios te haya hablado por medio de este libro que el espíritu santo pueda traer convicción a tu vida , dejame orar por ti padre celestial yo te doy gracias por la vida de cada uno de mis hermanos,y hermanas amigos que tuvieron el privilegio de poder leer este libro señor yo oro en el nombre de jesús para que los restaures que tu mi Dios puedas traer cambios a sus vidas en el nombre de jesús señor sana los corazones en el nombre de jesús,

CPSIA information can be obtained
at www.ICGtesting.com
Printed in the USA
BVHW031132240321
603189BV00020B/25

9 781649 089304